外贸制胜

获客到成交全攻略

/ 蔡展（Mia）著 /

电子工业出版社
Publishing House of Electronics Industry
北京·BEIJING

内 容 简 介

新人如何进入外贸行业，如何不断提升外贸业绩，如何防范外贸业务风险……这些外贸行业中常见的问题在本书中都能找到答案。

本书从获客、社交媒体动态发布、有效报价、洽谈话术、寄送样品、订单落地、发货、售后服务、展会、地推、电话营销等方面，全面阐述了外贸行业从获客到成交的全方位攻略，内容通俗易懂、实用性强，特别适合外贸行业的业务新手，以及想提升个人销售能力的外贸业务人员和外贸公司的管理者。

本书不仅包含作者十多年来在外贸行业积累的经验和方法，还体现作者对外贸行业的深刻思考，以及对外贸行业的热爱与坚守。希望这本书能成为你外贸道路上的一座灯塔，照亮你前行的路。

未经许可，不得以任何方式复制或抄袭本书之部分或全部内容。
版权所有，侵权必究。

图书在版编目（CIP）数据

外贸制胜：获客到成交全攻略 / 蔡展著. -- 北京：电子工业出版社，2024.8. -- ISBN 978-7-121-48580-0

Ⅰ．F74

中国国家版本馆 CIP 数据核字第 20243NV772 号

责任编辑：李淑丽
印　　刷：北京利丰雅高长城印刷有限公司
装　　订：北京利丰雅高长城印刷有限公司
出版发行：电子工业出版社
　　　　　北京市海淀区万寿路 173 信箱　　邮编：100036
开　　本：880×1230　1/32　　印张：9　　字数：267 千字
版　　次：2024 年 8 月第 1 版
印　　次：2024 年 10 月第 3 次印刷
定　　价：79.80 元

凡所购买电子工业出版社图书有缺损问题，请向购买书店调换。若书店售缺，请与本社发行部联系，联系及邮购电话：(010) 88254888，88258888。

质量投诉请发邮件至 zlts@phei.com.cn，盗版侵权举报请发邮件至 dbqq@phei.com.cn。

本书咨询联系方式：faq@phei.com.cn。

前言

在人生的旅途中，创业无疑是一场充满激情与挑战的旅程。而当你的创业目标跨越国界、瞄准国际市场、踏上外贸之路时，那将是一次更为波澜壮阔与奇妙的冒险。这本书是我外贸从业多年知识和经验的总结，目的是为所有有志于涉足国际贸易的创业者提供指引与启示。

回首过去的十二年，每一次跨国交易、每一个不眠之夜、每一滴努力的汗水，都像昨日之事，鲜活而深刻。从这片广阔的外贸领域中，我感受到的不仅有交易的成功，还有生命中的挑战与个人的成长。

十二年前，当我踏入这个行业的时候，心中既有期待，也有惶恐。但是，随着时间的流逝，我发现外贸不只是简单的"买"与"卖"，它更像一座连接不同文化、习俗和思维的桥梁。

通过这座桥梁，我有幸遇见了众多优秀的合作伙伴，也遇到了许多挑战，促使我不断进步。

Ⅳ　外贸制胜：获客到成交全攻略

在这十二年中，我不仅积累了财富，更重要的是，我还收获了自己的信仰——对外贸的热爱与坚守。当然，这条路并非一帆风顺。我经历了很多次波折，但每一次的起伏都让我更加坚定信念：无论困难多大，只要坚持热爱和努力，就能找到属于自己的那片星空。

更让我感到自豪的是，我有幸帮助和指导很多学员走进这个行业。看着他们从零开始，逐渐成为这个领域的佼佼者，我深知，每一个外贸人成功的背后都有无数辛勤的汗水。这本书既是我对过去十二年的回顾和总结，也是我对所有新入行的外贸人的期望与祝福。

在这里，你会看到我积累的经验和方法，以及直面困境时的思考，同时也会看到我在这个行业所遭遇的风风雨雨。我希望，这本书能够为你的外贸之路提供一座明亮的灯塔，让你在面对困难时，仍能坚持前行，直到找到属于自己的星空。

最后，感谢陪我走过这十二年的每一个伙伴，是你们让我的旅程变得如此丰富多彩。希望在未来的日子里，我们可以一起继续前行，抒写更辉煌的篇章。

Mia

2024 年 6 月

目录

第 1 章　我的外贸创业心得

1.1　我为什么做外贸　// 2
1.2　想当老板，先幻想自己就是老板　// 3
1.3　积极乐观的心态能够"打败一切"　// 4
1.4　学会变通，弯道超车　// 6
1.5　学会合作，整合资源　// 7
1.6　怀着感恩的心去面对困难和挫折　// 8
1.7　高情商是你成功的"杀手锏"　// 9

第 2 章　外贸主动获客和被动获客宝典

2.1　外贸获客宝典一——谷歌获客　// 13
2.2　外贸获客宝典二——Facebook 获客　// 17
　　2.2.1　如何注册 Facebook 个人账户　// 17
　　2.2.2　如何创建 Facebook 公共主页　// 20

2.2.3　如何利用 Facebook 高效搜索客户公共主页　// 23
　　2.2.4　如何通过 Facebook 小组找客户　// 26
　　2.2.5　如何利用 Facebook 进行广告推广　// 30
2.3　外贸获客宝典三——Instagram 获客　// 44
　　2.3.1　如何注册 Instagram 个人账户　// 45
　　2.3.2　如何注册 Instagram 专业账户　// 46
2.4　外贸获客宝典四——LinkedIn 获客　// 48
　　2.4.1　如何注册 LinkedIn 个人账户　// 49
　　2.4.2　如何开通 LinkedIn 企业账号　// 51
　　2.4.3　如何通过 LinkedIn 搜索客户　// 54
2.5　外贸获客宝典五——TikTok 获客　// 56
　　2.5.1　如何下载和注册 TikTok　// 57
　　2.5.2　如何设置 TikTok 专业账号　// 65
　　2.5.3　如何利用 TikTok 进行广告投放　// 71
2.6　总结　// 93

第 3 章　高效获得询盘的核心技能

3.1　如何让自己的 LinkedIn 邀请更具有个性化　// 95
3.2　如何写出有创意的社交媒体动态内容　// 103
3.3　简洁明了的 WhatsApp 开发信模板　// 108
3.4　如何写出具有吸引力的 E-mail 开发信　// 111
　　3.4.1　E-mail 的基本架构　// 111
　　3.4.2　我要做"标题党"　// 114
　　3.4.3　E-mail 开发信模板　// 115
3.5　总结　// 121

第4章　外贸有效报价这样做，你才有机会获得订单

4.1　必须要知道的报价贸易术语　// 124

4.2　如何制定一份专业的报价单　// 125

4.3　报价邮件可以这样写　// 127

4.4　如何选择付款方式　// 130

4.5　如何无风险使用信用证　// 134

4.6　总结　// 142

第5章　你不可不知的洽谈话术

5.1　常用的讨价还价例句　// 145

5.2　讨价还价中的小技巧　// 149

5.3　总结　// 156

第6章　样品这样寄，才能让客户记住你

6.1　寄送样品的收费问题和注意细节　// 159

  6.1.1　寄送样品要不要收费　// 159

  6.1.2　寄送样品需要注意哪些细节　// 163

6.2　如何制作高质量的样品跟踪单　// 166

6.3　如何对样品进行邮件跟踪　// 167

6.4　总结　// 170

第 7 章　订单"尘埃落定"

7.1　合同条款要了然于胸　// 174

7.2　如何有效催订金　// 176

7.3　生产过程中的沟通必不可少　// 179

7.4　总结　// 181

第 8 章　终于发货了

8.1　如何有效催尾款　// 184

8.2　发货需要注意哪些细节　// 187

8.3　如何办理退税　// 191

8.4　备案材料要备齐　// 199

　　8.4.1　纸质备案　// 199

　　8.4.2　电子备案　// 200

8.5　总结　// 204

第 9 章　订单的结束，售后服务的开始

9.1　延迟发货的沟通技巧要牢记　// 208

9.2　如何处理发错货的问题　// 210

9.3　如何积极应对产品质量的问题　// 212

9.4　总结　// 216

第 10 章　展会这样做，拿下大客户不是梦

10.1　超实用的展前准备攻略　// 218

10.2　展中营销的关键"动作"要到位　// 225

10.3　展后跟踪总结同样必不可少　// 229

10.4　总结　// 230

第 11 章　不会地推的销售不是好销售

11.1　出国前的准备攻略要做好　// 233

11.2　客户预约不可少　// 236

　　11.2.1　邮件预约　// 237

　　11.2.2　打电话预约　// 238

11.3　地推面谈技巧要牢记　// 239

11.4　总结　// 241

第 12 章　营销做得好，电话少不了

12.1　电话营销注意事项很重要　// 244

12.2　如何进行电话营销　// 247

　　12.2.1　如何快速获取决策人的联系方式　// 247

　　12.2.2　电话沟通技巧和常见话术　// 250

12.3　电话营销的八个步骤及案例分析　// 254

12.4　总结　// 257

第13章　拿下客户还不够，还要把客户深挖做大

13.1　为客户做个性化的定制服务　// 259
13.2　客户拜访　// 262
　　13.2.1　出国前的准备要充分　// 262
　　13.2.2　客户预约邮件　// 265
　　13.2.3　新老客户面谈话术有区别　// 271
　　13.2.4　客户后续跟踪要及时　// 273
13.3　如何提高产品的多样性　// 275
13.4　总结　// 277

第 1 章

我的外贸创业心得

1.1 我为什么做外贸

每当有人问起我为什么选择做外贸时，我总是骄傲地回答："因为外贸不仅仅是一份工作，还是一种使命。"

在我眼中，外贸不仅仅是买卖商品、提供服务，它还是一座桥梁，连接着中国与世界的每一个角落。每一次的交易，每一次的合作，都是中国与世界更紧密地融合在一起的见证。这不仅仅是商业上的合作，还是文化、思想、价值观的交流与碰撞。

外贸是中国经济的"三驾马车"之一，它在拉动中国经济增长中起到了不可或缺的作用。每当我看到"Made in China"的标签出现在世界各地时，我都为之骄傲。它不仅仅是一个标签，还代表着具有工匠精神、创新能力和高质量的中国产品。

更重要的是，我认为外贸是一种责任。作为外贸人，我们不仅要为国家赚外汇，还要为中国的品牌、文化、价值观"出海"打开一片新的天地。我们是中国制造的使者，是中国与世界沟通的桥梁。

每当我站在国际会议的舞台上，与来自世界各地的合作伙伴交流时，我都深深地感受到这份责任和使命。我为能够为中国的发展做出一份微薄的贡献而自豪，为能够将中国的声音传递到世界各地而骄傲。因此，我选择了从事外贸行业，这不仅仅是为了生计，还是为了心中那份对国家、民族的热爱和责任。我相信，只要我们用心去做，带着感情去交流，坚持不懈，一定会在外贸领域分得属于自己的一杯羹。

1.2 想当老板,先幻想自己就是老板

在曲折却又璀璨的外贸道路上,我始终有一种信念:想要成为老板,首先要幻想自己已经是一个老板。这不仅是一种信念,还是一种工作态度和工作方式。

记得当年我作为一名刚入职的外贸业务员,底薪 3000 元,提成 1%,当时我并没有把自己当作一个员工,而是当作一个拥有 1% 股份的老板。我把工厂当作自己的,把这个平台当作展示自己的舞台,充分练就自己,把自己用到极致。因为我知道,如果在一个完善的外贸平台上都做不好,那么将来自己创业肯定更不可能做好,我就是利用这个平台看看自己到底行不行。我每天从早上 8:30 一直干到晚上,一刻都不敢松懈,好像只要自己一松懈,工厂就会亏损一样。当公司面临售后亏损时,我也会站在老板的角度去思考问题,努力想办法减少损失。我还会经常找老板聊天,学习他作为老板的心态。

日复一日,这样的心态让我在工作中脱颖而出,业绩也突飞猛进,最终,我成功走上了创业的道路,成为真正的老板。但回首往事,我更加坚信,是那种"幻想自己就是老板"的心态,为我铺设了成功的基石。

所以,我想说,无论你现在处于职业生涯的哪一个阶段,都不妨尝试换一种心态看待自己的工作。不要局限于你的职位,让自己

的思维超越那个小小的框架，幻想自己就是老板，公司的事就是你的事，你与公司共存亡。这样的心态，不仅能为你带来更多的机会，还能助你在未来的职业生涯中走得更远。

1.3 积极乐观的心态能够"打败一切"

现在，我还记得创业初期的点点滴滴，那段时光如此清晰，充满了对未来的憧憬与决心。然而，理想很丰满，现实很骨感，现实并不总是如我所愿，一路上遇到的坎坷与挑战超出了我的预期。

最初，寻找供应商成为我面对的第一个难题。作为一名创业新手，许多供应商对我持有疑虑，不愿与我合作。在遭遇一次又一次的拒绝后，我决定另找出路，于是我的外贸培训班诞生了。当时做培训班的目的很单纯，就是想笼络供应商资源，让这些工厂老板成为我的学员，方便我日后开启外贸之路。就这样，如我所愿，17位学员成为我的供应商，让我成功开启了外贸创业之路，培训班也意外地做得风生水起。这段经历教会我，只要思想不"滑坡"，办法真的比困难多，所有没有打败你的困难最后都有可能给你带来意想不到的机会和突破。

创业面对的第二个难题就是客户资源有限。当时，我的资金短缺，必须寻找经济而有效的方式来获取潜在客户。我选择了通过为工厂老板提供展会免费翻译服务的方式，换取客户的名片，有不少老板很乐意进行这样的交换。就这样，不仅帮我解决了客户资源有限的问题，还帮我与工厂建立了深厚的合作关系。不要为自己的失败找任何借口，如果你真正想做，总能找到各种解决方案。

就在业务蒸蒸日上的时候，我心血来潮，产生了一个新的想法。我开启了几项副业，并全心投入其中。然而，事与愿违，这些副业不仅没有带来预期的盈利，反而让我损失了一切。所有的积蓄、资产，甚至家庭，在一夜之间全部消失和破碎。我号啕大哭过，抱怨过，但在这绝望的时刻，我突然想到了那句古语"工欲善其事，必先利其器"。那一刻，我明白了一个道理：一念愚即般若绝，一念智即般若生。好在我转念快，没有一直抱怨上天的不公，没有哀叹自己的不幸，而是将这一切视为自己走向成功必经的磨炼。念头不同，状态真的会不一样，我整个人又鲜活了。而当你状态好的时候，好运也会随之而来。如果此刻读这本书的你，也经历了一些不幸，那么祝贺你，你离成功又近了一步。

经历无数的考验，走出困境后我深刻地体会到积极乐观的态度在创业过程中的关键作用。它不仅激励着我前行，还影响着我周围的每一个人，让我们共同渡过每一个难关。

回望过去，每一次的困境都会成为我前行的动力。积极、乐观的心态成为我最坚实的盾牌，让我勇往直前，有勇气迎接每一个挑战。我相信，只要保持这种心态，无论面临多大的困难，都能找到出路，走向成功。

创业，本就是一个充满未知与变数的旅程。但请记住，保持积极、乐观的心态将会是你通往成功的金钥匙。无论前方要面临多少挑战，都要相信自己、相信未来，因为你每一次的坚持与努力，都是在为你的梦想加油。

1.4 学会变通，弯道超车

2012年，我踏入外贸行业。对于我来说，这或许是一个相对较晚的起点，从一开始，我就面临着许多挑战。外贸行业竞争激烈，我需要与许多有经验的行业老手竞争。尽管如此，我没有被困难击倒，反而倍加珍惜这次机会，相信自己的能力，坚信只要拼尽全力，起步晚并不会影响我在这个行业获得成功。

为了迎接新的挑战，我不断学习，努力提升自己的专业知识。我投入大量时间阅读行业资讯，学习外贸知识，参加行业培训和研讨会。这些经历让我深刻理解了行业运作规则，了解了国际市场的变化和需求，为我在外贸行业的发展奠定了坚实的基础。

我也意识到，作为一个起步较晚的新人，我需要展现出更多的创新方法。除了老板提供的展会，我自己通过研究谷歌来搜索客户，甚至自掏腰包、单枪匹马"杀"到国外拜访客户。我积极与客户沟通，了解他们的需求，并努力提供满足他们期望的产品和服务。我坚守着诚信原则，对每一笔交易尽心尽责，建立起了许多稳固的客户关系。

随着时间的推移，我逐渐在外贸行业中崭露头角。我拥有了自己的团队，开发了更多的国际市场，业务也逐渐扩大。但是外部竞争也更加激烈，2020年我开始研究社交媒体平台，通过平台获得更多的曝光，让自己获得更多的机会。我所选择的"弯道超车"，让我比预想更快地到达了自己想要的高度，在外贸领域成为头部网红。

回望过去，我深知起步晚并不是阻碍我们成功的绊脚石，而是为我们开启了一条与众不同的创业之路。我学会了用积极的心态面对困难，用不断学习和创新的精神抵御挑战。在这个过程中，我坚信自己的梦想，并为之努力奋斗，终究收获了属于自己的小成就。因此，我希望与每一位刚踏入创业道路的朋友分享我的经历。无论你起步有多晚，都不要被时间拖累。相信自己的能力，用积极的心态和创新的方法去迎接挑战，开创属于你自己的成功之路。让我们一同勇敢前行，实现自己的创业梦想！

1.5 学会合作，整合资源

在我踏入外贸创业的初期，面对烦琐的业务，我深感自己一个人难以应对。于是我开始积极寻找合作伙伴，希望在这个充满挑战的道路上能够省心省力。采购是外贸业务中的重要环节，而我自己对此并没有太多的经验。于是，我开始在行业中寻找有采购经验的伙伴。经过一番搜索和交流，我结识了三位朋友，他们都是在自己的产品领域有着十几年经验的人，对产品非常熟悉，对质量把控也非常有经验。他们拥有的专业知识让我省去了许多市场调研和与供应商谈判的时间，让我可以更专注于市场推广和客户服务。他们让我有了更多自信和动力去拓展业务。

同时，我也开始寻找一些缺乏销售经验的工厂。我意识到很多工厂在生产制造方面非常优秀，但缺乏有效的销售渠道。于是，我主动联系了一家优质的工厂，我们进行了深入的合作洽谈，表达了合作的意愿和需求。

通过与工厂的合作，我与他们建立了良好的合作关系。我为工厂提供了更广阔的销售渠道，帮助他们拓展业务范围，而工厂也为我提供了更优质的产品资源，让我在市场上有了更大的竞争优势。我们相互支持，共同成长。

有了与采购伙伴和工厂的合作，我渐渐在外贸领域获得了一杯羹，团队得到了快速扩张，业务范围也逐渐拓展到了更多的领域。通过合作，我不再是孤军奋战的创业者，而是拥有各方资源支持的外贸公司。

合作让我感受到了共赢的力量，也让我更加坚信，只有与合作伙伴携手同行，才能实现更远大的梦想。在这个充满合作精神的过程中，我收获了更多的信任和友谊，这也让我对未来充满了无限的期待。

因此，我将这段宝贵的合作经历分享给其他资源有限的创业者。无论你是缺乏采购经验，还是缺少销售渠道，都没关系，你不需要孤军奋战，你可以积极寻找合作伙伴，共同努力，相互支持，一起携手共进，开创更加辉煌的未来！

1.6 怀着感恩的心去面对困难和挫折

成功和失败都是一种磨炼，所以不管是好是坏，都要说一声谢谢。我喜欢看稻盛和夫的《心法》，而且感悟很深。这本书告诉我，人生的磨炼不是舞台上的演出，而是需要在困难面前不断磨炼自己的心志，通过严格的自律完善自己，通过不断精进来提升自己。灾难是对心灵的一种洗涤，让我们的灵魂变得更纯净。2019年，我因为副业投资失败失去了一切，还因为被骗惹了官司，而且官司还输了，一时间，很痛苦，很难接受，好在之前一直有学习心学的基础，所谓"一念天堂，一念地狱"。如果你觉得这是上天对你的不公，你就会开始抱怨的人生；如果你觉得这是上天给你的一个更上一层楼的台阶，那么你就会感恩，感恩给你的挫折，感恩给你的磨炼，感恩这一切的一切。念头转变后，我不再闷闷不乐，踏上这个台阶，承接上天给我的磨炼的机会，果不其然，通过几年的努力，我的人生真的上了新的高度。

所以，我很肯定地告诉大家，人的一生难免会遇到一些磨难，如果我们把这些磨难当作成功的垫脚石，那么，我们就会积极应对，很快渡过难关，甚至从中获得成功。如果我们把磨难当成障碍，抱怨上天的不公，那么这辈子也就只能碌碌无为了。

1.7 高情商是你成功的"杀手锏"

在我刚踏入职场时，并没有意识到情商的重要性。对我而言，觉得能力和知识似乎是决定成功的关键因素。然而，随着时间的推移，我渐渐认识到高情商的重要性，也逐渐在自己的职业生涯中体会到了情商的价值。

我开始主动了解他人的想法和感受，努力理解别人的处境和需求。我开始学会换位思考，站在他人的角度去看问题，以更加温和的方式与他人沟通。

通过不断的学习和锻炼，我的情商逐渐提高了。我学会了更好地控制自己的情绪，遇到挫折和困难时也能冷静应对。我学会了倾听他人的意见和建议，而不是一味地坚持己见。我学会了在冲突和矛盾中寻求妥协与解决方案，而不是与他人对抗。我学会了面对冷嘲热讽时笑着接纳，而不是与他人对骂。

我深深明白，无论在哪个领域，高情商都是一种宝贵的财富。智商高可以让你走到山的中间，而情商高可以让你抵达山顶。因此，我们努力不断提升自己的情商，成为一个更加智慧和温暖的人，去创造更美好的未来。

第 2 章

外贸主动获客和被动获客宝典

外贸获客是外贸新手需要解决的除选品以外的第一个关键问题。其实它也是最容易解决的问题，要么花钱，要么花时间。外贸获客有线上和线下两大渠道。

线上渠道：

（1）社交媒体平台，如 Facebook、Instgram、TikTok、YouTube、LinkedIn 等。各大社交媒体平台免费开通账户，目前广告成本也比较低，是新老外贸人员必须要用的渠道。

（2）B2B 的平台，主流的有阿里巴巴国际站、中国制造网、环球资源等，开通成本为 2 万多元，另外需要额外的推广费。

（3）搜索引擎，如谷歌、Yandex 等，在这些平台上可以免费搜索客户，还可以做广告推广。

（4）数据软件。市面上的数据软件有很多，价格也不等。

（5）群发软件。一般使用 E-mail 和 WhatsApp 群发邮件，有些效果不错，但是容易被封号。

线下渠道：

（1）展会。如果参加的是国内的展会，则要尽量邀请客户来工厂参观；如果参加的是国外的展会，则可以申请拜访客户的公司，也可以在当地批发市场做地推。

（2）国外地推。

（3）预约拜访客户。

（4）采购大会。

针对以上获客方式，大家不一定都要做，可以根据实际情况选择适合自己的。

第 2 章 外贸主动获客和被动获客宝典

2.1 外贸获客宝典一——谷歌获客

谷歌作为全球最大的搜索引擎，是我们不能忽视的渠道。我们可以在谷歌上免费搜索客户，也可以做广告投放。新手可以先从搜索开始进行了解。

谷歌的搜索方式主要有关键词搜索、引号搜索、排除搜索词搜索、特定网站搜索、相关搜索等。

1. 关键词搜索：直接输入关键词或短语来搜索相关信息。例如，输入"auto parts"或"auto spare parts"，如图 2-1 所示。

图 2-1

2. 引号搜索：使用引号""将搜索词括起来，可以精确匹配该词组。例如，输入的内容为"auto parts"，如图 2-2 所示。

外贸制胜：获客到成交全攻略

图 2-2

3. 排除搜索词搜索：在搜索词前加上减号"-"，可以排除包含特定词语的搜索结果。例如，输入"auto parts -china -B2B -amazon"，表示从"auto parts"的搜索结果中排除包括关键字"china""B2B"和"amazon"的结果，如图 2-3 所示。

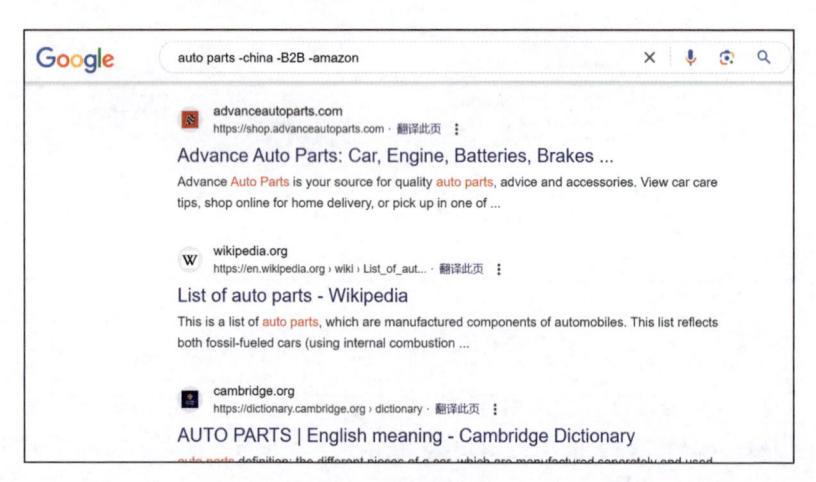

图 2-3

第 2 章　外贸主动获客和被动获客宝典

4. 特定网站搜索：使用"site:"指令可以在特定网站内搜索信息。例如，输入"strut mount site:XXX"，如图 2-4 所示。

图 2-4

5. 相关搜索：使用"related:"指令可以找到与指定网页相关的其他网页，形式是 related:example.com。例如，输入"related:www.autodoc.co.uk"，如图 2-5 所示。

图 2-5

OR 指令：使用 OR（大写）或者"|"符号查找包含两个或多个关键词中任意一个的结果。例如，输入"auto parts OR car parts"表示搜索"auto parts"或"car parts"任意一个关键词的结果，如图 2-6 所示。

图 2-6

intitle:指令：使用"intitle:"指令可以查找包含特定关键词在标题中的结果。例如，输入"intitle:外贸市场"搜索标题中包含"外贸市场"的结果，如图 2-7 所示。

需要注意的是，谷歌搜索的指令和功能可能会随着谷歌搜索算法的更新而变化。因此，建议你在使用这些指令时，随时查阅谷歌的官方文档，以获取最新信息和准确指导。我们主动找客户，就需要用目标客户网站里的共性关键词去做搜索主体，目标客户怎么介绍自己，我们就怎么设定搜索条件去找他们。

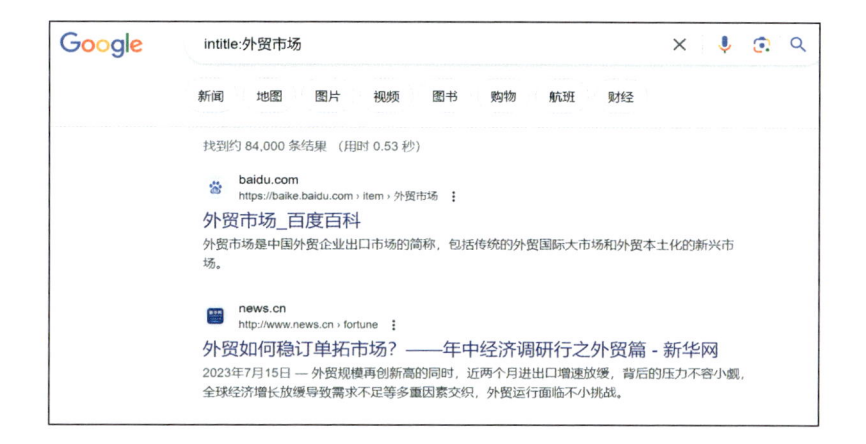

图 2-7

2.2 外贸获客宝典二——Facebook 获客

Facebook 作为全球最大的社交媒体平台，是外贸行业必不可少的获客媒体。Facebook 的账户分个人主页和公共主页，公共主页没有独立的登录账户，也是通过个人账户进入的。一个个人账户可以同时管理多个公共主页，而一个公共主页也可以被多个个人账户所管理，建议公共主页由多个个人账户进行管理，因为个人账户容易被封。

2.2.1 如何注册 Facebook 个人账户

首先，打开网页，点击"新建账户"按钮，如图 2-8 所示。

18 外贸制胜：获客到成交全攻略

图 2-8

然后会出现图 2-9 所示的注册页面，所填的注册信息务必真实有效，万一被封号，可以进行申诉，点击"注册"按钮。

内容真实
以防万一被封号
可以申诉

图 2-9

接着手机会收到验证码，输入即可，验证通过，点击"确定"按钮，如图 2-10 所示。

在通过用户名和密码登录后，可以完善个人信息，如个人照片、编辑资料、添加封面照片等，如图 2-11 所示。

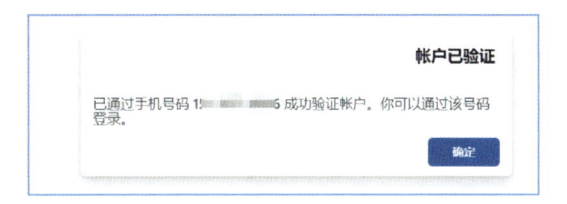

第 2 章　外贸主动获客和被动获客宝典

图 2-10

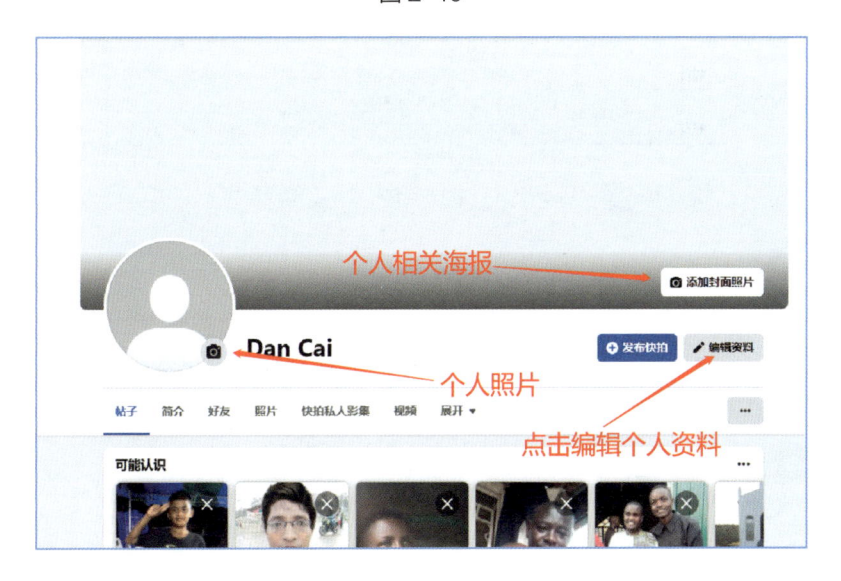

图 2-11

点击"编辑资料"按钮可以进入"你的个人主页"。如图 2-12 所示，"个人资料"中的信息要填写详细，越完善越好，把自己的优点全部展现出来，比如得过的奖项、获得的成就、去过的国家、参加过的展会、跟哪些大企业有过合作等。

图 2-12

2.2.2 如何创建 Facebook 公共主页

首先打开个人主页页面，点击左边导航栏中的"公共主页"，如图 2-13 所示。

图 2-13

第 2 章　外贸主动获客和被动获客宝典

然后点击"+新建公共主页",如图 2-14 所示。

图 2-14

完善"公共主页信息"中的各项信息,如公共主页名称、类别、说明,如图 2-15 所示。

图 2-15

公共主页的头像可以用公司产品的图片，或者公司 logo，如果公司规模比较大，封面照片可以用公司的形象图；如果公司规模比较小，可以用产品图片，当然也可以自制海报，如图 2-16 所示。

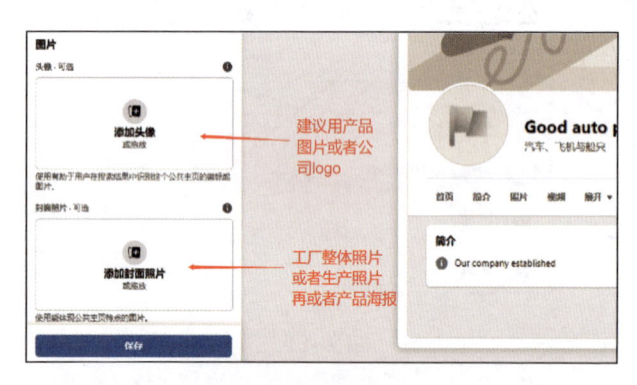

图 2-16

然后将公共主页与 WhatsApp 账户进行绑定，如图 2-17 所示。

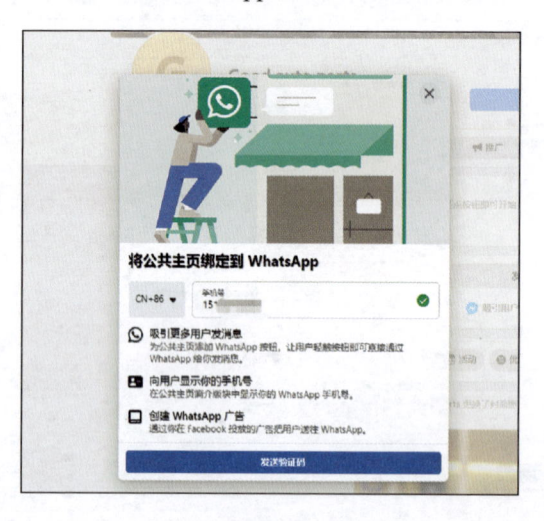

图 2-17

第 2 章　外贸主动获客和被动获客宝典　23

公共主页页面基本完成后，就可以经常更新作品了，如图 2-18 所示。

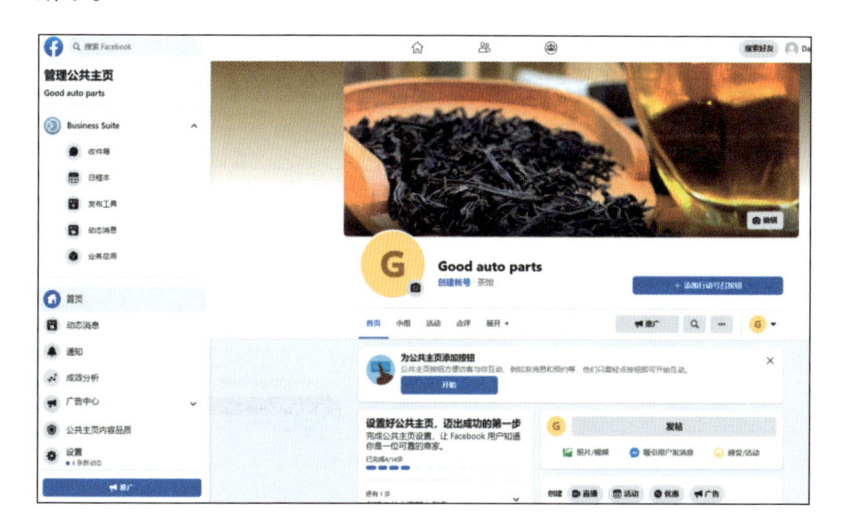

图 2-18

2.2.3　如何利用 Facebook 高效搜索客户公共主页

在搜索栏中通过输入关键词可以搜索客户的公共主页，关键词不要只用自己的产品名称，建议用大类目的名称，这样可以多了解一下自己的产品在国际市场上是否有多个名称。比如，输入"auto parts"关键词，搜索结果如图 2-19 所示，然后点击"公共主页"。右边就会跳出与"auto parts"相关的客户公共主页，这也是我们要搜索的客户群体。当然了，你可能会搜到同行，或者非目标市场客户，那么怎么办呢？

外贸制胜：获客到成交全攻略

图 2-19

我们可以限定地址，点击"地点"，在"位置"下选择客户所在的城市，这样搜索的客户会更精准，如图 2-20 所示。

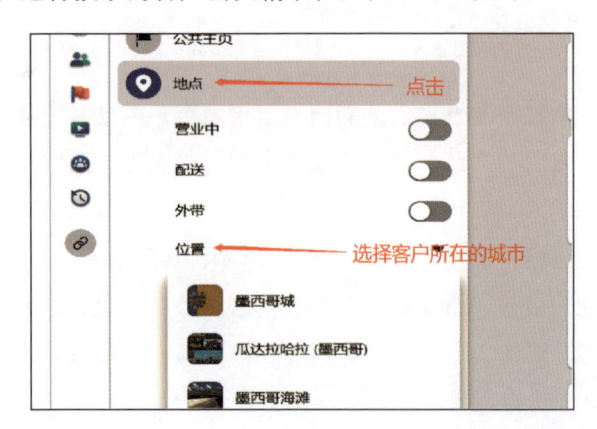

图 2-20

第 2 章　外贸主动获客和被动获客宝典 25

如图 2-21 所示，右边显示的公共主页便是自己的目标客户。

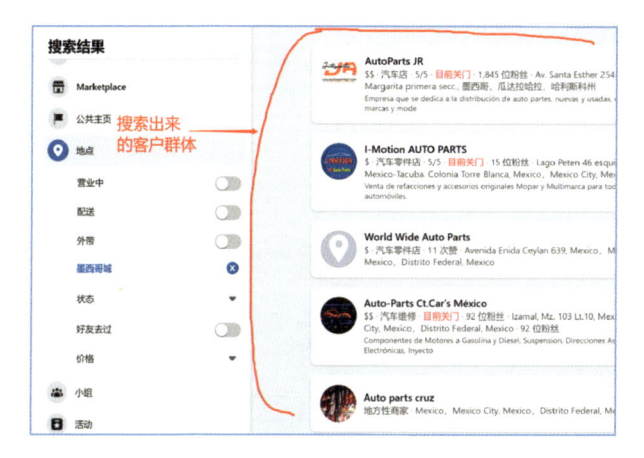

图 2-21

点击目标客户，在其首页点击"发信息"按钮，就可以跟客户沟通了，如图 2-22 所示，也可以利用上面的网页进行深入研究和分析。

图 2-22

2.2.4　如何通过 Facebook 小组找客户

同样是在搜索栏中输入关键词，这次不选择"公共主页"，而是选择"小组"，如图 2-23 所示。

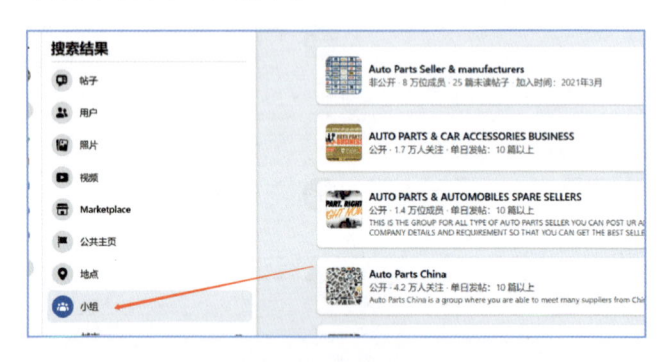

图 2-23

点击"小组"进入页面，可以研究小组成员，尤其是版主和管理员。小组内的所有人都有可能是你的目标客户，如图 2-24 所示。

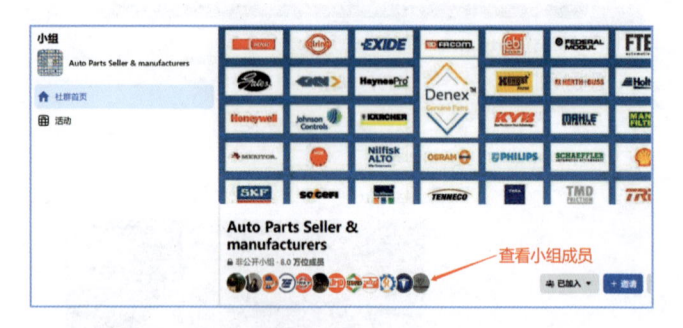

图 2-24

能够成为几万人小组的管理员都不一般，想办法把这一人群为自己所用，如图 2-25 所示。

第 2 章 外贸主动获客和被动获客宝典

图 2-25

除了管理员，你还可以对小组成员分类中"和你有共同点的成员"，以及"你附近的成员"和"公共主页"中的人员和信息进行好好研究，如图 2-26 所示。

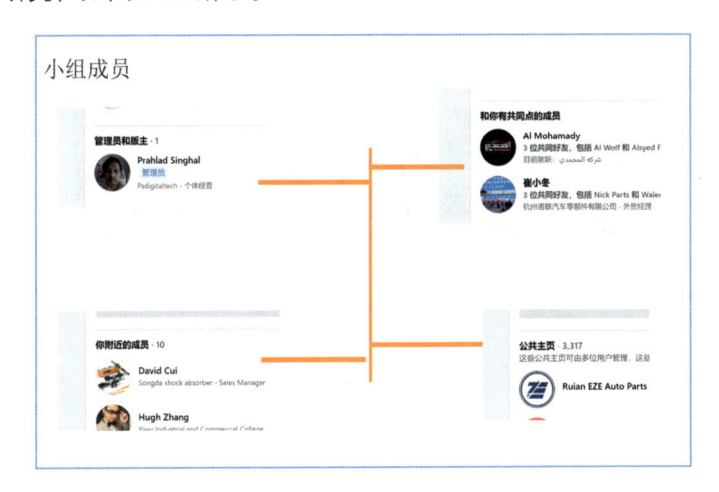

图 2-26

除了关注管理员和成员，我们还可以点击"讨论"，看看大家在小组里面发的信息，以确保自己发的信息不会违规，如图 2-27 所示。

图 2-27

还可以点击"媒体文件"，上传图片和视频，如图 2-28 所示。

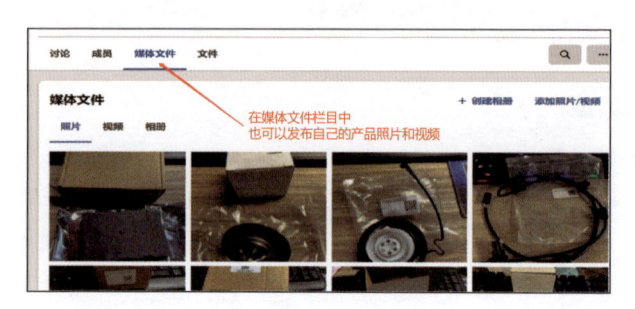

图 2-28

点击"文件"可以上传相关的产品文件，如图 2-29 所示。

通过点击"…"可以查看自己在小组内所发内容的反馈，如图 2-30 所示。

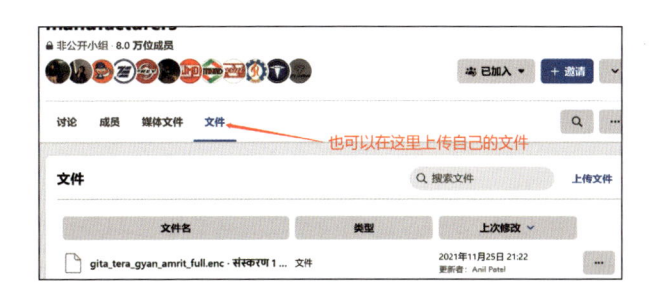

第 2 章　外贸主动获客和被动获客宝典

图 2-29

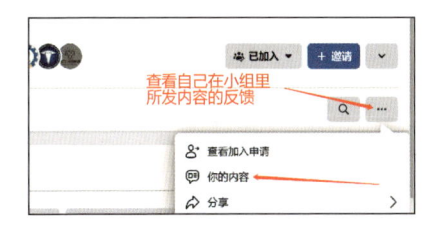

图 2-30

"你的内容"下面包括待审核、已发布、已拒绝、已移除等标签，如图 2-31 所示。

图 2-31

除了免费获客，在 Facebook 平台上还可以通过付费广告服务来推广产品、服务、品牌或内容，以吸引更多目标受众的注意。

2.2.5 如何利用 Facebook 进行广告推广

Facebook 广告推广的特点和优势如下。

广告定向：Facebook 提供了精准的广告定向功能，广告主可以从目标受众的地理位置、兴趣爱好、年龄、性别、职业等多个维度来选择目标受众，从而将广告投放给最相关的用户。

广告形式：Facebook 提供了多种广告形式，包括图片广告、视频广告、滑动画廊广告、动态广告等，广告主可以根据广告目标和内容选择最适合的广告形式。

交互性：Facebook 广告具有较高的交互性，用户可以直接在广告中进行点赞、评论、分享等互动行为，增强了广告效果和用户参与度。

预算控制：Facebook 广告推广允许广告主自定义广告投放预算，可以按日预算或总预算进行设定，并根据广告效果进行实时调整。

广告数据分析：Facebook 提供了详细的广告数据分析报告，可以实时监测广告的表现和效果，为广告主提供数据支持和决策依据。

多平台投放：除了在 Facebook 上投放广告，广告主还可以将广告投放到 Instagram、Audience Network 等 Facebook 旗下的其他平台，扩大广告的曝光度和覆盖范围。

1. 广告推广形式

Facebook 广告推广有三种常见的形式：速推、个人广告投放和

第 2 章 外贸主动获客和被动获客宝典

广告代理投放。后两者的投放方式是一样的,个人广告投放的设置更简单,广告代理投放需要代理商代开通。

速推

速推的意思是通过付费的方式快速将帖子推给用户,它是最简单的 Facebook 广告投放方式。速推本质上不需要广告后台创建广告,推广目标是提升主页的关注度。

速推帖子比较宽泛,人群定位难以优化,难以反复利用,如图 2-32 所示。类似于抖音的抖加,只能引流到 Facebook 平台内的帖子上,但可以吸引 Facebook 的用户点赞。

图 2-32

在速推受众的选择上,点击"新建受众",选择自己的目标人群就可以了,如图 2-33 所示。

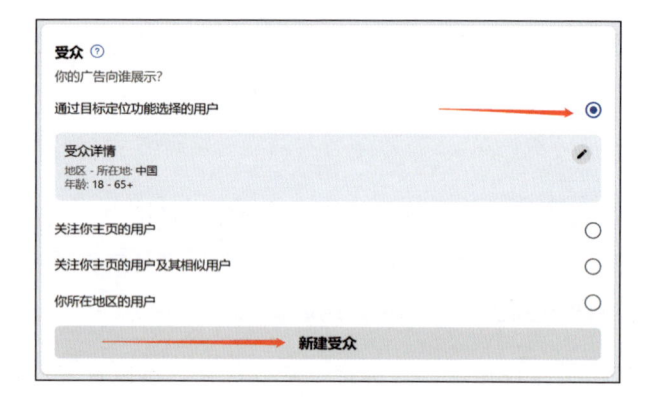

图 2-33

速推很简单，就是效果比较一般。

个人广告账户设置

在个人广告投放之前，我们首先需要添加支付方式，找到"广告账户设置"下面的"支付设置"，如图 2-34 所示。

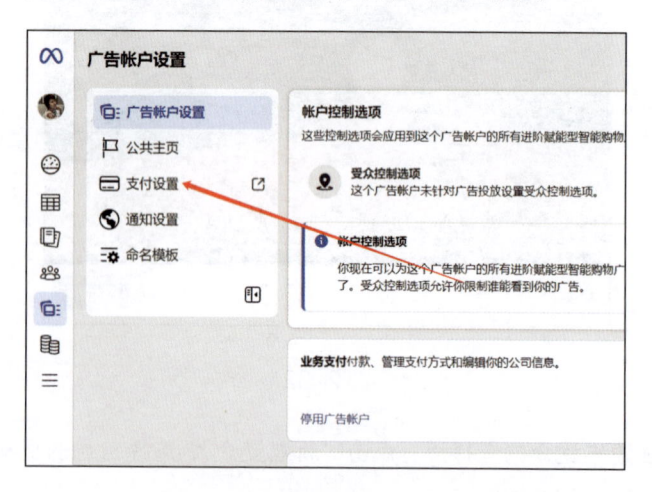

图 2-34

第 2 章　外贸主动获客和被动获客宝典

点击"支付设置"进入图 2-35 所示的页面。

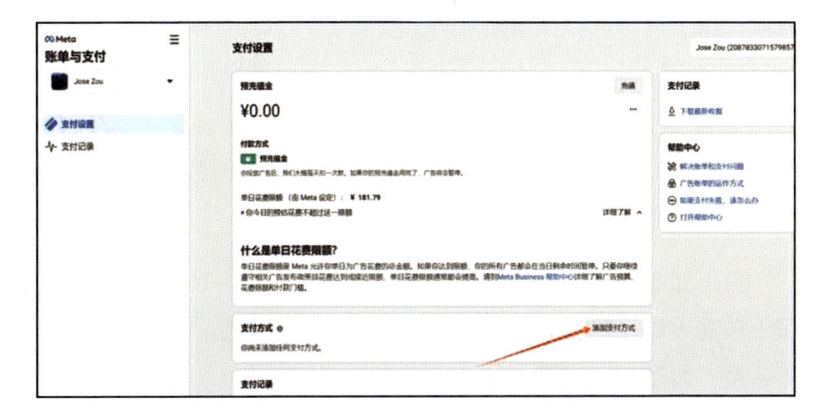

图 2-35

点击图 2-35 中的"添加支付方式"按钮进入图 2-36 所示的页面，可以选择自己的支付方式并添加，然后就可以进行支付了。不同版本的页面可能会有不同，但都大同小异。

图 2-36

在图 2-35 中也可以通过点击"充值"按钮进行充值，操作比较简单，按照提示进行操作即可。

2. 广告目标

目前，Facebook 的广告目标有 6 类，分别为知名度、流量、互动、潜在客户、应用推广和销量。

（1）知名度是向最有可能记得你的广告的用户展示广告，主要用于覆盖人群，扩大品牌知名度，加大视频观看量，提高店铺网点知名度，如图 2-37 所示。

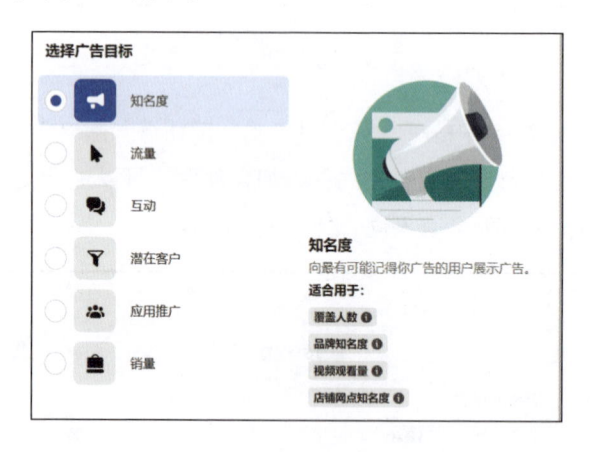

图 2-37

（2）流量是把用户送往目标位置，例如你的网站、应用、Instagram 主页或 Facebook 活动。流量主要适合用于：提高链接点击量和落地页浏览量，把用户送往 Messenger 和 WhatsApp，并与你展开对话，吸引可能对你的业务感兴趣的用户与你通话，吸引用户访问你的 Instagram 主页。

（3）互动是使消息互动量、来自消息的购物量、视频观看量、帖文互动量、公共主页赞数或活动响应次数得到提升。互动主要适合用于：鼓励用户通过 Messenger、Instagram 和 WhatsApp 与你展开对话，提高视频观看量，吸引用户与你进行帖文互动，吸引用户在你的网站或应用中查看内容、联系你、把商品加入心愿单或执行其他操作。

（4）潜在客户是为你的业务或品牌收集潜在信息。其主要适合用于：寻找愿意填写表单来分享自己的联系方式和其他信息的用户，寻找愿意借助聊天途径分享自己的联系方式和其他信息的用户，吸引用户在你的网站或应用中分享联系方式、完善注册表、提交申请或执行其他操作，吸引可能对你的业务感兴趣的用户与你通话。

（5）应用推广是吸引新用户安装和持续使用你的应用。其主要适合用于：吸引用户安装你的应用，吸引用户在你的应用中进行购买或执行其他操作。

（6）销量是寻找可能购买你的商品或服务的用户。其主要适合用于：吸引用户在你的网站或应用中添加商品到购物车、购物、订阅或执行其他操作，吸引用户购买你目录中的商品或服务，吸引用户通过 Messenger、Instagram 和 WhatsApp 购买你的商品或服务，吸引可能对你的业务感兴趣的用户与你通话。

3. 广告设置

广告系列由一系列广告组和广告构成，这些广告组和广告旨在实现同一个广告目标，如开发潜在客户或提升应用安装量，如图 2-38 所示。

外贸制胜：获客到成交全攻略

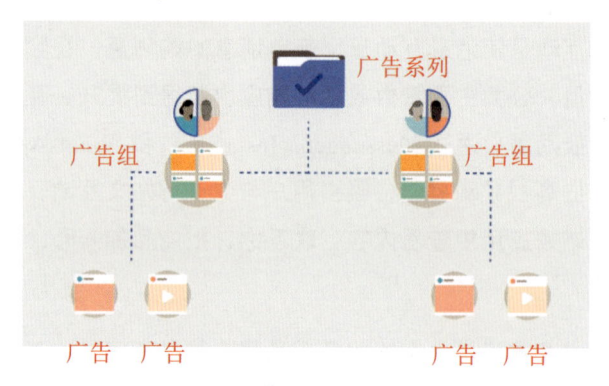

图 2-38

首先创建广告系列，然后在广告系列下面创建广告组，最后在广告组下面创建广告。首先打开广告管理页面，并切换到"广告系列"，点击"+创建"按钮，如图 2-39 所示。

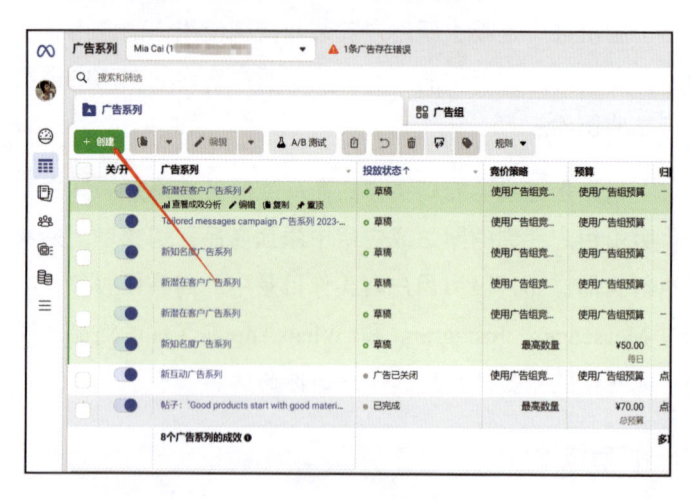

图 2-39

接着选择自己的广告目标，需要注意的是，这里的广告系列名称只是为了方便自己查看，不对外展示，如图 2-40 所示。

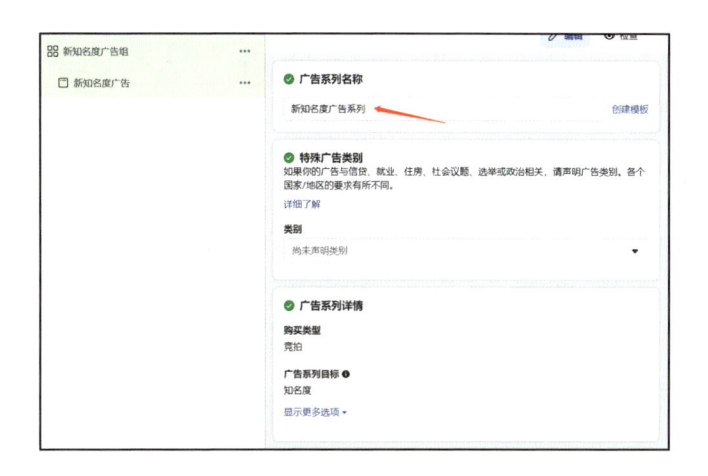

第 2 章 外贸主动获客和被动获客宝典

图 2-40

在输入广告组名称后，下面选择要投放广告的公共主页，如果你只有一个公共主页就无须选择；如果你管理多个公共主页，那么就要选择要投放的公共主页，如图 2-41 所示。

图 2-41

在"成效目标"选项中,新手一般选择"最大限度地提升广告覆盖人数",如图 2-42 所示。

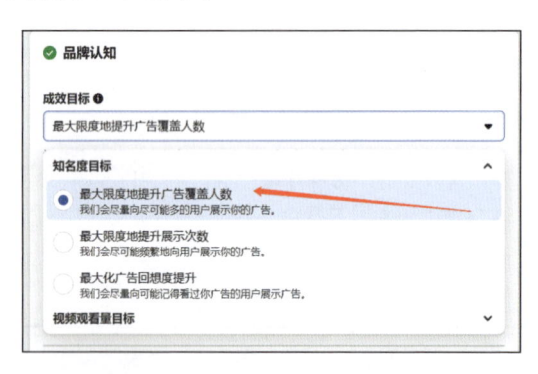

图 2-42

这时,预览广告展示页面,你的视频右下角显示的是"分享"按钮,如图 2-43 所示。

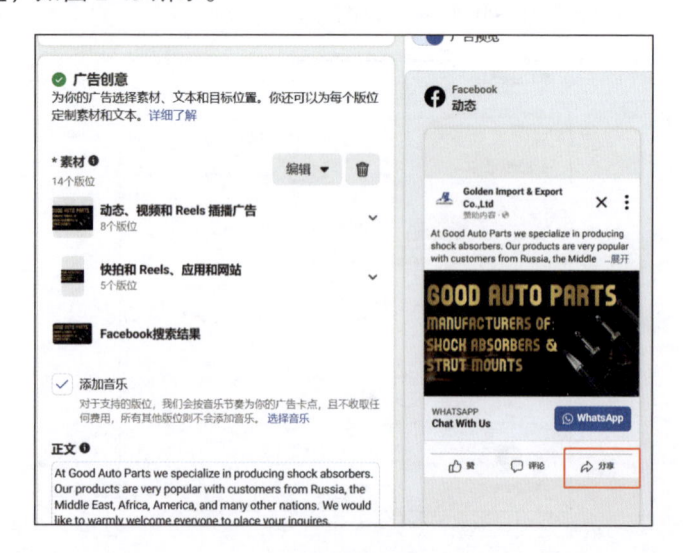

图 2-43

第 2 章 外贸主动获客和被动获客宝典

不同的广告目标内容呈现的形式不一样，如果你把目标设置为"流量"，则"转化"有五个可选择的选项，如图 2-44 所示。

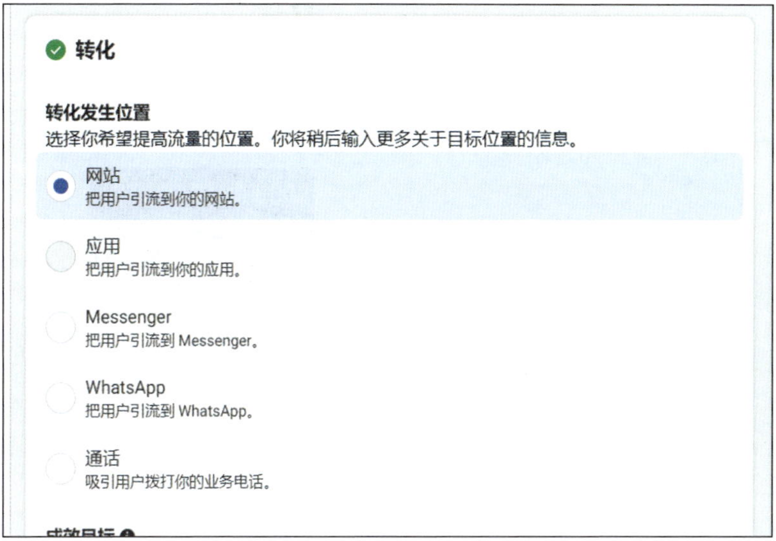

图 2-44

五个选项包括网站、应用、Messenger、WhatsApp 和通话。如果你选择"网站"，那么务必要确认你的网站已经链接到 Facebook 公共主页上，呈现出来的页面如图 2-45 所示。

如果你选择的是"Messenger"，页面如图 2-46 所示。

如果你选择的是"WhatsApp"，视频右下角呈现的是 WhatsApp 的对接按钮，如图 2-47 所示。

图 2-45

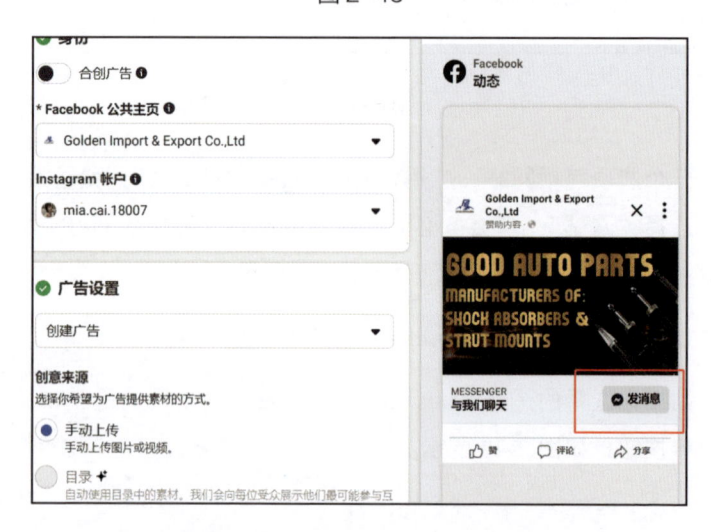

图 2-46

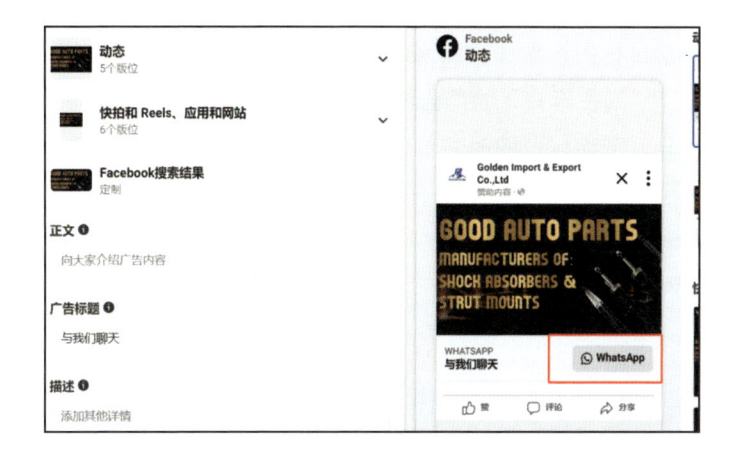

图 2-47

如果你选择的是"通话",页面如图 2-48 所示。

图 2-48

互动目标的设置和页面展示与流量的大同小异。接下来，我们介绍一下"潜在客户"的广告设置。这里，"转化"的设置与之前的大同小异，下面以"即时表单"为例进行介绍，如图 2-49 所示。

图 2-49

选择"即时表单"后会出现图 2-50 所示的页面。

当然，在这个过程中，我们需要创建自己的表单。根据自己的需求，将"创建表单"下面的项填完即可，如图 2-51 所示。需要注意，在"问题"的设置上，设置的问题一定要方便用户回答，且对自己有价值。

第 2 章　外贸主动获客和被动获客宝典　43

图 2-50

图 2-51

针对其他的广告目标，大家根据以上内容举一反三，进行操作即可。Facebook 页面的版本会经常改动，但实质性的内容不会变，如果页面发生了变化，只要找到相关的入口就可以了。

2.3 外贸获客宝典三——Instagram 获客

Instagram（Ins）是目前全球最受年轻人喜欢的社交媒体，于 2010 年 10 月首次推出。它最初只在 iOS 平台上推出，后来于 2012 年 4 月才推出 Android 版本。

Instagram 有普通账号和专业账号之分，我们一般选择专业账号，通过上传图片和视频推广自己的公司及产品，吸引潜在客户和粉丝，进行品牌营销；名人和创作者则通过 Instagram 与粉丝互动、分享动态来宣传作品。

Instagram 还不断推出新的功能，如 Instagram 故事（Instagram Stories）、直播、IGTV 等，以丰富用户体验和内容创作方式。除了图片和短视频，Instagram 的用户还可以发布文本动态，与其他用户进行文字交流。

Instagram 在全球范围内拥有庞大的用户基础，成为全球最受欢迎和使用频率较高的社交媒体之一。它的简洁、易用和强大的社交互动功能，使其成为人们分享生活、创作和获取有趣内容的重要平台之一。

2.3.1 如何注册 Instagram 个人账户

Instagram 账户注册非常简单，根据下面图片展示的流程注册 Instagram 账户即可，如图 2-52 所示。

图 2-52

经过几轮的基本内容输入后，会呈现图 2-53 所示的页面，到这里就完成了普通账户的注册。接下来的操作，我们会改用专业账户，以方便进行商业行为。

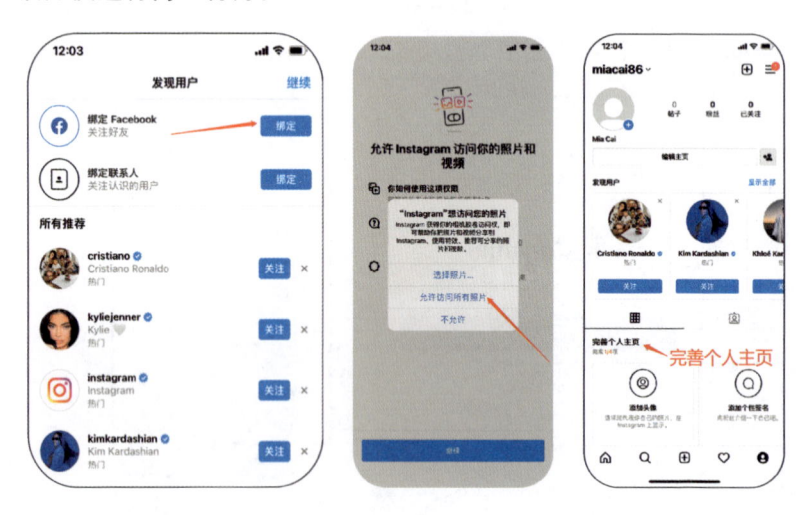

图 2-53

2.3.2 如何注册 Instagram 专业账户

Instagram 的个人账户和专业账户只能二选一，不能同时存在。点击主页面右上角的"≡"标志，如图 2-54 所示。在"设置"下选择"账户"并选择页面中的"切换为专业账户"，如图 2-55 和图 2-56 所示。根据页面要求填写企业信息，如图 2-57 所示。在填写完所有的企业信息后，务必记得添加企业网站，如图 2-58 所示。同时与公共主页，以及 Facebook 账户关联起来，如图 2-59 所示。

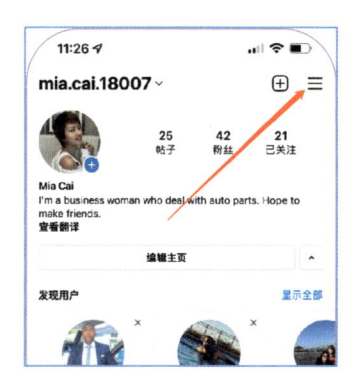

第 2 章　外贸主动获客和被动获客宝典　47

图 2-54

图 2-55

图 2-56

图 2-57

图 2-58　　　　　　　　图 2-59

完成注册后，直接在搜索栏中输入关键词即可进行搜索，操作相对比较简单。

2.4 外贸获客宝典四——LinkedIn 获客

LinkedIn（领英）是一家专门面向职业人士和企业的社交网络平台，于 2003 年 5 月正式上线。它的主要目标是帮助用户建立职业关系、展示个人专业能力和经历，以及寻找工作机会和招聘人才。

LinkedIn 人脉是指全世界所有的人都可以通过六层以内的熟人链和任何其他人建立联系。LinkedIn 的人脉按照六度人脉来分类。

一度人脉：对方和你已经是 LinkedIn 的好友关系，即直接好友，可以直接发送消息，查看联系方式，扩展属于你的 LinkedIn 人脉关系网。

二度人脉：和你有共同的一度人脉的 LinkedIn 用户，即好友的好友，不能直接给对方发信息，也不能看到他的联系方式，但可发送添加好友邀请和查看与对方共同的好友。

三度人脉：和你有共同的二度人脉的 LinkedIn 用户，即好友的好友的好友，不能直接给对方发信息和查看他的联系方式，也不能查看对方的好友。

LinkedIn 会员（三度人脉以外的）：对方已超出你的三度人脉关系网，LinkedIn 会根据你的综合信息，推荐和开放部分你可能认识的人脉并允许你添加对方为好友。与其他社交媒体平台不同，LinkedIn 强调专业性和职业发展，提供了一个专业、商务化的社交网络环境，使用户在这里能够展示自己的专业素养，发掘商机，获取行业信息，建立更广泛的职业网络。

2.4.1 如何注册 LinkedIn 个人账户

首先，注册个人账号。进入 LinkedIn 个人账户注册页面，按照图 2-60 ~ 图 2-62 所示填写个人信息。

图 2-60

中间的过程比较简单，这里直接省略，最后呈现基本完成的页面，如图 2-63 所示。

外贸制胜：获客到成交全攻略

图 2-61

图 2-62

图 2-63

第 2 章 外贸主动获客和被动获客宝典 51

接下来，完善个人信息，直到图 2-64 中显示满格为止。

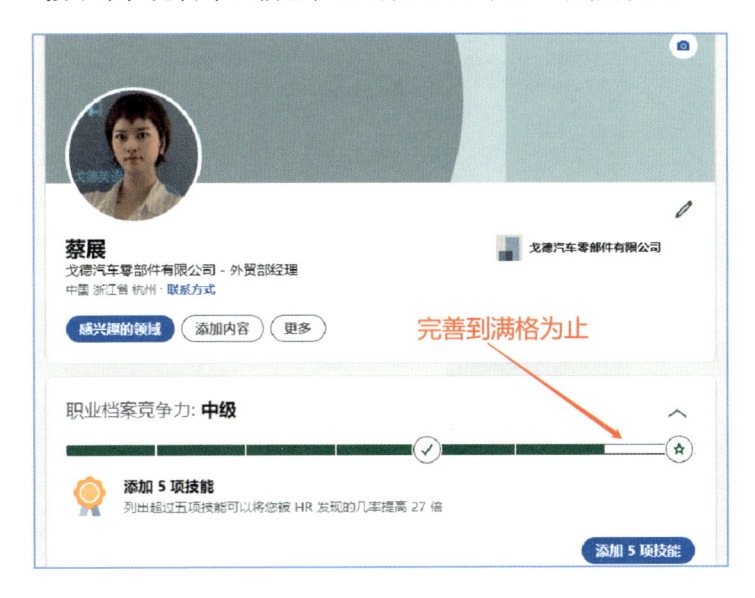

图 2-64

2.4.2 如何开通 LinkedIn 企业账号

在你的个人账户好友达到 50 人后，可以免费开通企业账号，根据图 2-65 和图 2-66 所示可完成公司主页的创建和信息输入。

然后根据系统提示，完善企业账户主页，如图 2-67 和图 2-68 所示。

外贸制胜：获客到成交全攻略

图 2-65

图 2-66

第 2 章　外贸主动获客和被动获客宝典　53

图 2-67

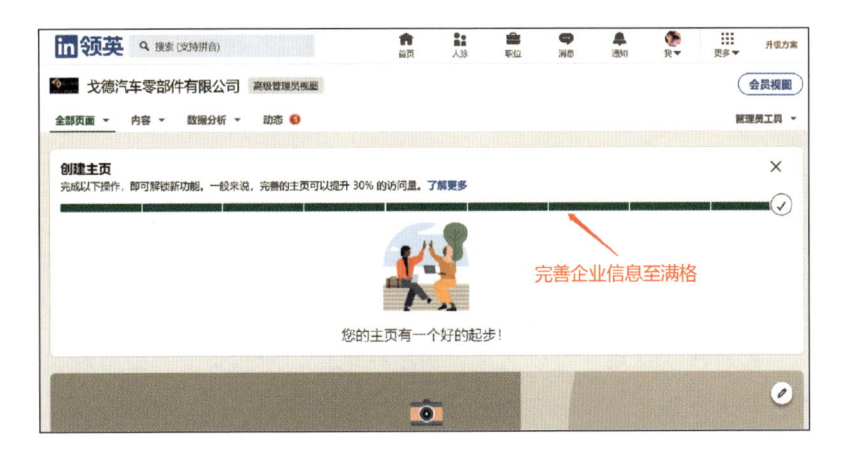

图 2-68

随着时间的推移，系统会做一定程度的升级，页面可能会发生变化，但基本内容不会变。完善好主页后，就可以定期发布企业信息，活跃账户了。等账户完善到图 2-68 中的满格，就可以在上面搜索客户，并和客户互动了。

2.4.3 如何通过 LinkedIn 搜索客户

在 LinkedIn 上搜索客户，也是通过在搜索栏输入关键词进行搜索的，如图 2-69 所示。

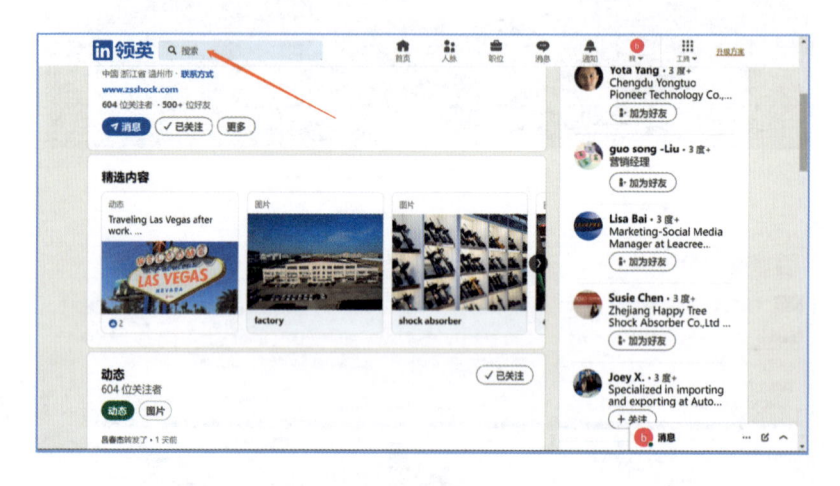

图 2-69

针对搜索结果，可以通过公司所在地点、所属行业、公司规模等条件进行筛选，如图 2-70 所示。

针对目标客户，可以点击关注，在页面上进行互动，还可以通过客户网站查找更多客户信息，如图 2-71 所示。

除了搜索公司，也可以搜索会员，同样可以限定会员的所在地点、目前就职等条件，如图 2-72 所示。

第 2 章　外贸主动获客和被动获客宝典

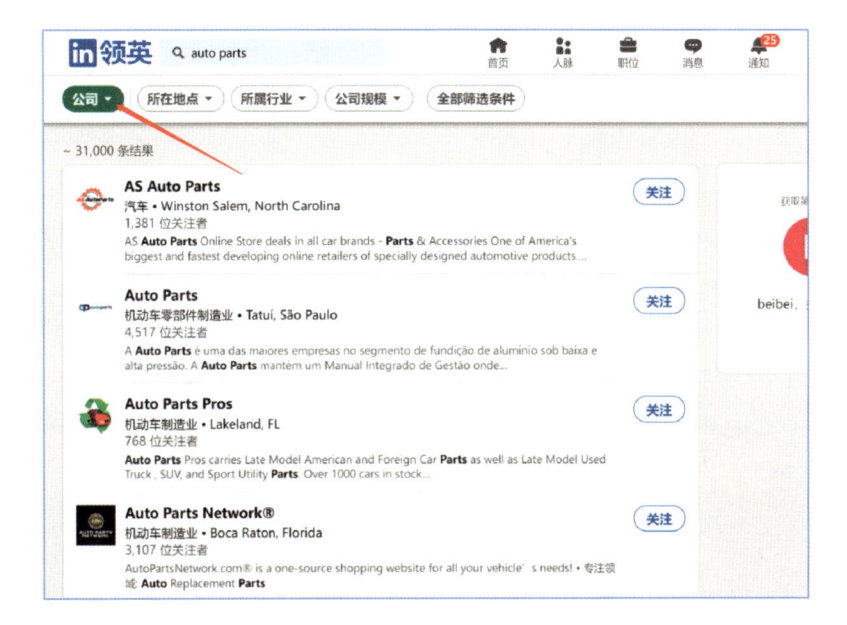

图 2-70

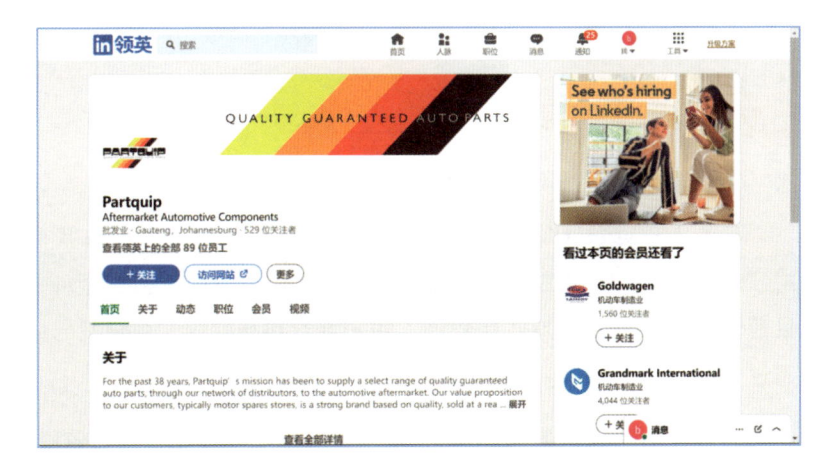

图 2-71

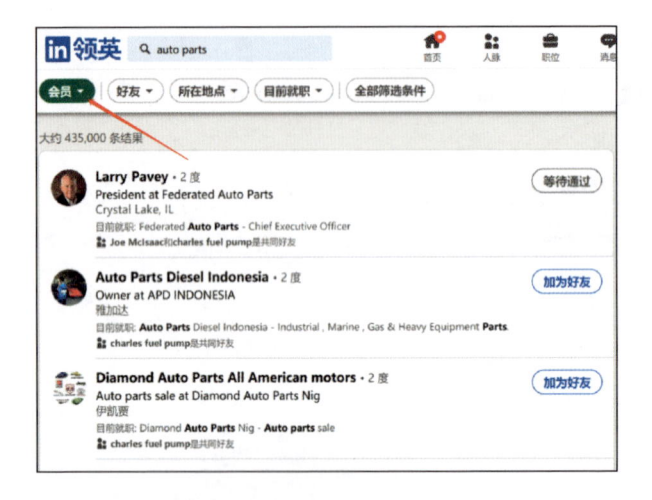

图 2-72

LinkedIn 更适合进行主动营销，广告成本比较高，暂时不太建议做广告投放和推广。我们一般也会通过 LinkedIn 做客户背调。

2.5 外贸获客宝典五——TikTok 获客

很多人会觉得 TikTok 适合 C 端用户，实际上对于外贸的 B 端用户来说，它的作用也很大，主要体现在产品推广和品牌营销方面。目前，TikTok 的推广成本比较低，用户增长也比较快，用户量已经超过 30 亿，所以我们不容忽视。

通过在 TikTok 上发布内容，企业可以增加品牌曝光率和知名度。借助 TikTok 广泛的用户基础和内容传播能力，企业可以将产品、服务和品牌推广给全球范围内的潜在客户。

TikTok 提供了丰富的视频内容展示和分享功能，企业可以利用这些功能展示产品的特点、用途、优势和价值，通过生动有趣的视频内容吸引更多的潜在客户。

TikTok 是一个社交平台，用户可以通过点赞、评论和分享等方式与其他用户进行互动。企业可以利用这些功能与客户进行互动，回答他们的问题、收集他们的反馈，从而增强与客户的沟通和联系。

通过分析 TikTok 上的用户行为和互动数据，企业可以获取有关目标客户的更多信息和洞察。这些数据可以帮助企业更好地了解客户的需求、偏好和行为，从而调整营销策略和产品定位。

总的来说，TikTok 作为一个全球性的社交平台，为企业与外贸 B 端客户之间的交流和合作提供了新的渠道和机会。

2.5.1　如何下载和注册 TikTok

在使用 TikTok 时，有一些网络方面的要求需要特别注意。首先，为了避免中国内地的网络痕迹，仅仅使用香港的 IP 也是不够的，我们还需要选择其他地区的 IP。注册 TikTok 账户时，最好使用苹果手机，并注册一个海外的苹果 ID。在注册时，我建议使用全新的邮箱，以确保隐私安全。此外，为了保护个人信息，最好要关闭所有与跟踪相关的功能。这些举措都可以保护我们的隐私，让我们使用 TikTok 时更加安全。

1. 注册海外苹果 ID

使用苹果手机的用户可以注册一个海外的苹果 ID，这里我们需要一个虚拟身份，可以在好维持网站上下载。选择好你所需要的地区，点击"搜索"按钮即可，如图 2-73 所示。

搜索结果如图 2-74 所示，会自动给你一个虚拟身份，需要自己保留这些信息，以便后续使用。

图 2-73　　　　　　图 2-74

接着打开苹果官网，点击"创建您的 Apple ID>"，如图 2-75 所示。

第 2 章 外贸主动获客和被动获客宝典

在创建的过程中，需要注意"国家或地区"这一项要选择你想要投放的地区，（TikTok 快速广告会根据 ID 的地址投放，TikTok 专业广告账户可以自选地区投放）其他内容按照实际情况填写即可，如图 2-76 所示。

图 2-75

图 2-76

其中，电话号码必须是真实的，需要验证码进行验证，如图 2-77 所示。

输入验证码进行验证，如图 2-78 所示。

最后设置"付款和送货"，如图 2-79 所示。

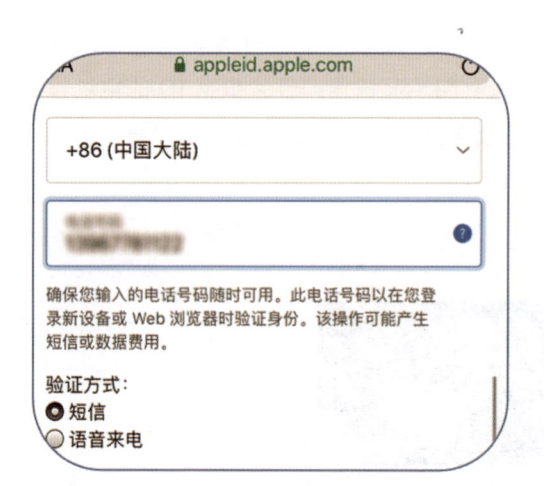

图 2-77

图 2-78　　　　　　　图 2-79

其中,"国家或地区"还是选择你所要投放的国家,点击"添加付款方式…",如图 2-80 所示。

在"选择付款方式"下直接选"无"即可,下面的信息按照虚拟身份的信息填写即可,如图 2-81 所示。

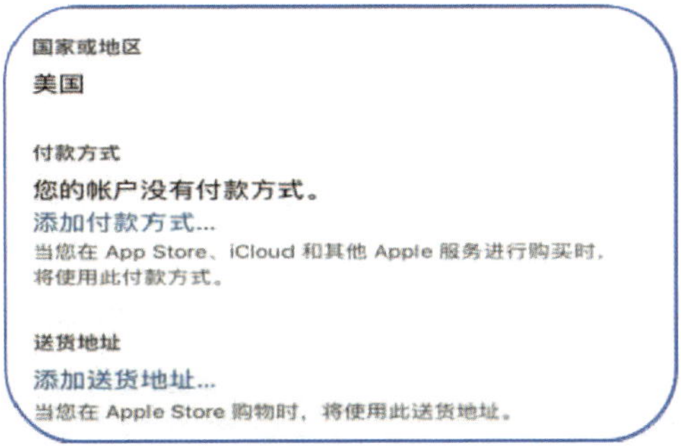

第 2 章 外贸主动获客和被动获客宝典

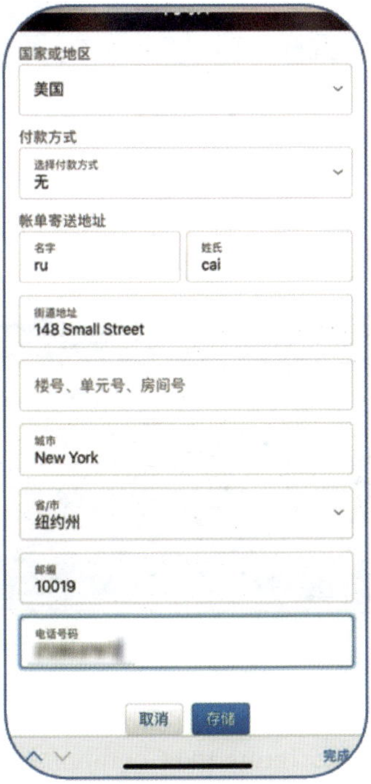

图 2-80

图 2-81

注册完成后，在官网尝试登录，如果能成功登录，则说明账户注册成功。

2. 登录苹果 ID

打开苹果手机，点击图 2-82 所示的"App Store"。

图 2-82

在随后的页面中，点击右上角的头像，并输入海外苹果 ID 的账户和密码，点击"Sign In"如图 2-83 所示。

图 2-83

记得打开"Agree to Terms and Conditions"，如图 2-84 所示。

点击"Next"按钮后，填写刚刚我们在好维持网站上面注册的身份地址信息，如图 2-85 所示。

第 2 章　外贸主动获客和被动获客宝典　63

图 2-84　　　　　　　　　　图 2-85

最后点击"Continue"按钮，如图 2-86 所示，就可以成功登录了。

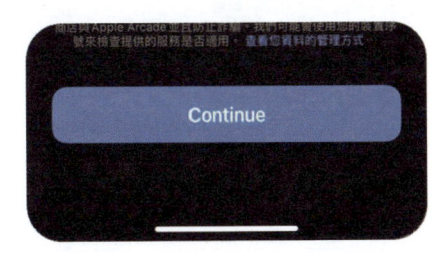

图 2-86

3. TikTok 账号注册

打开 App Store，输入"tiktok"，就可以下载 TikTok 了。下面进行 TikTok 账号的注册。

打开 TikTok 页面后，选择"使用电话或者电子邮件"进行注册，如图 2-87 所示。

图 2-87

输入新邮箱，如图 2-88 所示。

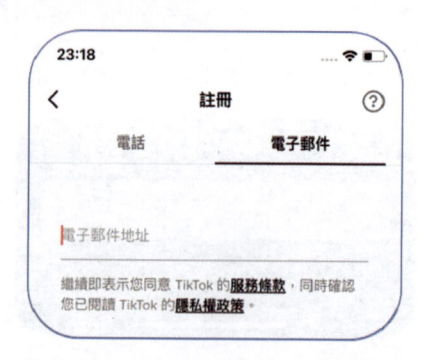

图 2-88

选择你的兴趣爱好，然后点击"下一步"按钮，直至注册完成，如图 2-89 所示。

图 2-89

2.5.2 如何设置 TikTok 专业账号

点击自己 Tiktok 账号主页面右下角的"个人资料"，不同版本显示的字样可能不同，但意思是一样的，如图 2-90 所示。

外贸制胜：获客到成交全攻略

图 2-90

然后点击"隐私设定"下的"管理账号"，如图 2-91 所示。

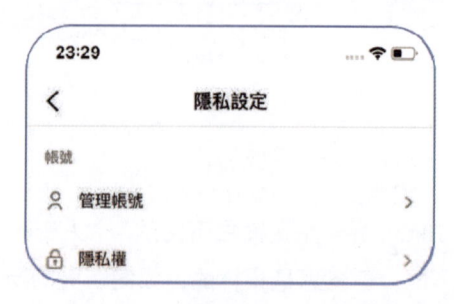

图 2-91

第 2 章 外贸主动获客和被动获客宝典

在"电子邮件"栏会显示"信箱待验证",点击进行验证即可,如图 2-92 所示。

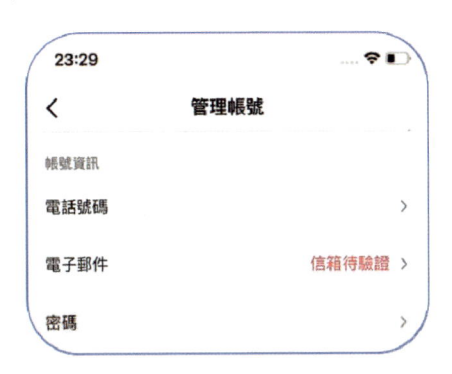

图 2-92

点击"切换到专业账号"即可,如图 2-93 所示。

图 2-93

返回到个人主页,点击右上角的"☰"图标,选择"隐私设定",如图 2-94 所示。

图 2-94

点击"隐私设定"下的"管理账号",如图 2-95 所示。

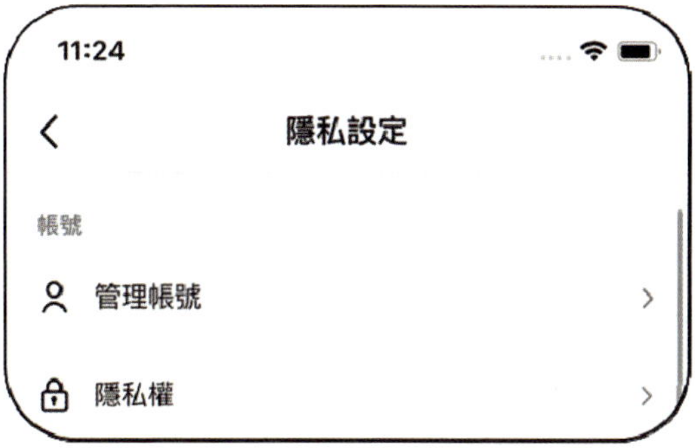

第 2 章　外贸主动获客和被动获客宝典

图 2-95

再点击"切换为企业账号",如图 2-96 所示。

图 2-96

这时会显示企业账户的页面,可以进行"编辑个人档案"等操作,如图 2-97 所示。

在"编辑个人档案"页面,要详细填写个人信息,尤其是网站链接,如图 2-98 所示。

通过这个链接,可以从首页直接跳转到你的独立站,如图 2-99 所示。

图 2-97

图 2-98

图 2-99

2.5.3 如何利用 TikTok 进行广告投放

1. TikTok 如何投放抖加

一般情况下,抖加的用户群体比较广,但是投放抖加操作简单,如果只是想提高播放量、点赞率、评论,则可以使用;如果是为了目标客户群体,就不太适合了

投放抖加的步骤如下:

点开你的任意作品,点击右下方图标"…",如图 2-100 所示。

然后会出现以下页面,如图 2-101 所示。

图 2-100

图 2-101

点击图 2-101 中的"宣传"图标后，在以下页面中选择你的目标，如图 2-102 所示。

然后选择观众，你可以选择自动，如图 2-103 所示。

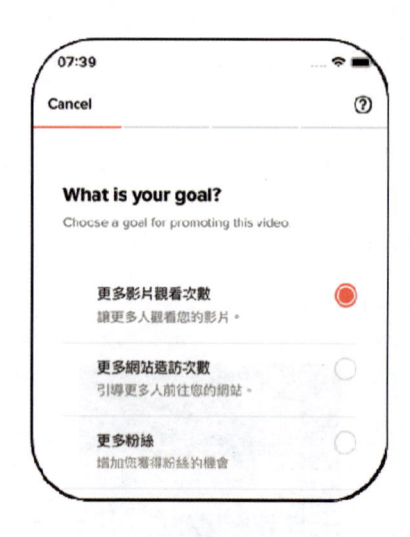

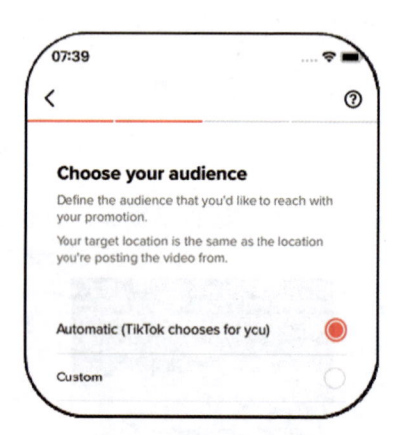

图 2-102　　　　　　　　图 2-103

选择你想要的目标观众属性，如图 2-104 所示。

投放的金额和时间，如图 2-105 所示。

最后进行付款就可以了，我们一般选择信用卡付款，如图 2-106 所示（这边的付款是通过 ID 充值的，所以如果无法通过 ID 充值，则可以选择去淘宝找 ID 充值的卖家）。

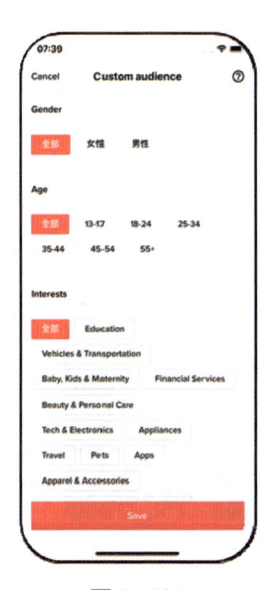

图 2-104

图 2-105

图 2-106

2. 如何设置 TikTok 广告账号

广告账号注册

打开 TikTok 官网，点击右上角"立即注册"按钮，如图 2-107 所示。

图 2-107

填写好注册内容后，根据提示到达如下页面，如图 2-108 所示。

图 2-108

选择"我是个广告主"，填写相关资料，注意"国家/地区"这一项要写你主要想投放的国家或地区，以及相对应的时区（时区这里指的是国内的时区，上海或北京），然后点击"创建"按钮，如图 2-109 所示。

第 2 章 外贸主动获客和被动获客宝典

图 2-109

这时会出现如下页面，输入手机号码，然后点击"确定"按钮，如图 2-110 所示。

然后出现图 2-111 所示的页面，可以直接点击"跳过"按钮，就达到自己的广告账户页面了，如图 2-112 所示。

进入广告账号内部页面，如图 2-113 所示。

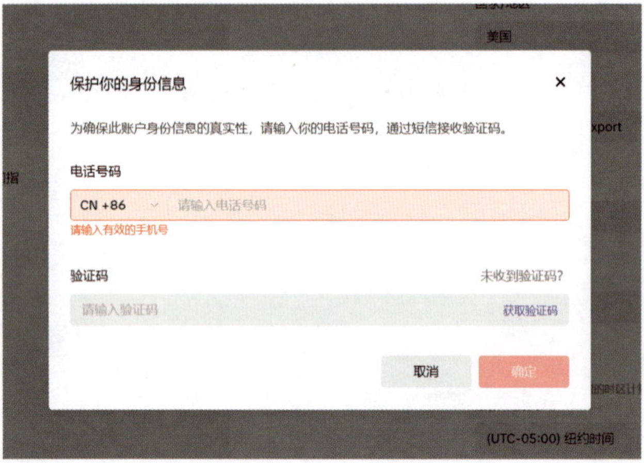
美国
保护你的身份信息
为确保此账户身份信息的真实性，请输入你的电话号码，通过短信接收验证码。
电话号码
CN +86
请输入电话号码
请输入有效的手机号
验证码
未收到验证码？
请输入验证码
获取验证码
取消
确定
xport
(UTC-05:00) 纽约时间

图 2-110

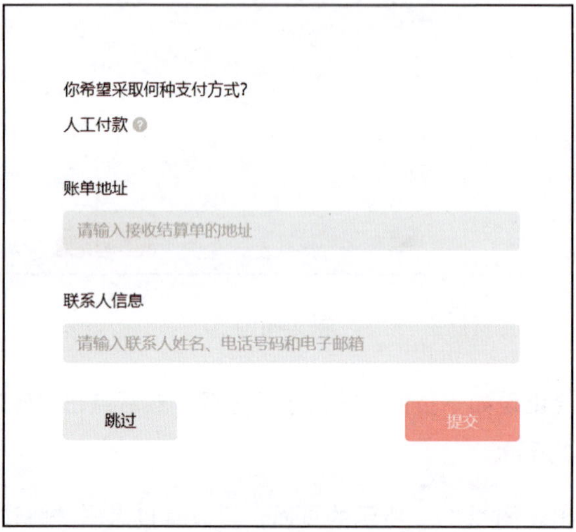
你希望采取何种支付方式？
人工付款
账单地址
请输入接收结算单的地址
联系人信息
请输入联系人姓名、电话号码和电子邮箱
跳过
提交

图 2-111

第 2 章　外贸主动获客和被动获客宝典

图 2-112

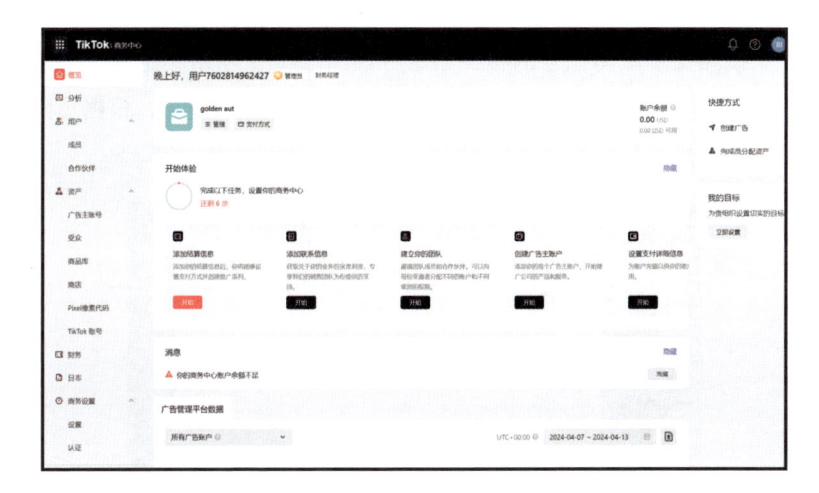

图 2-113

打开 TikTok 的"商务中心"，先点击"资产"下的"广告主账号"，然后点击"新建账号"，如图 2-114。

图 2-114

按照提示填写账号的相关信息，如图 2-115 所示，这里我们一般选择"（UTC+08:00）上海时间"。然后点击"下一步"，根据页面提示完成广告账号的注册即可。

图 2-115

第 2 章　外贸主动获客和被动获客宝典

广告投放

广告账户分为个人账户和专业账户两种。个人账户可以直接申请，但是比较容易被封，账户被封后资金无法退还；专业账户需要专业代理商代理注册，不容易被封，个别的还有返点等优惠政策，因此建议大家找代理商注册，只需要将自己的广告账号 ID 提供给对方即可。在这里查看自己的广告账号 ID，如图 2-116 所示。

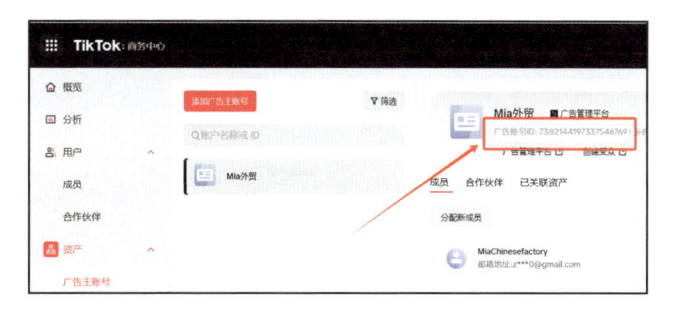

图 2-116

接下来，在"资产"下的"广告主账号"中可以看到有一个"广告管理平台"页面的入口，如图 2-117 所示。

图 2-117

在广告账户中点击"广告管理平台"，即可跳转至广告管理页面，如图 2-118 所示。

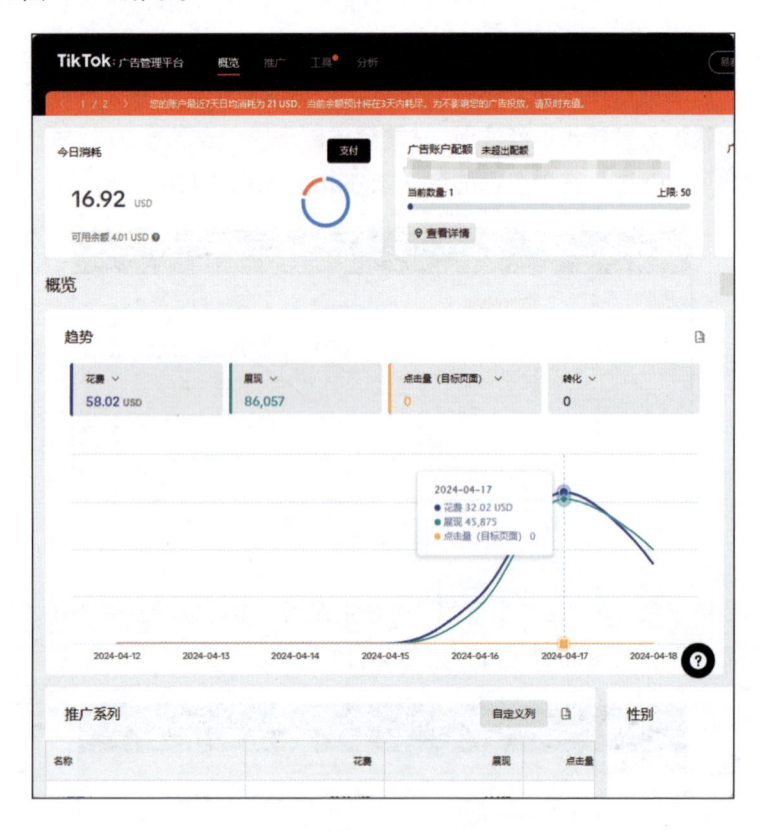

图 2-118

在这个页面中可以查看已投放广告的运行状态、花费、成绩等。点击上方的"推广"即可进入新建广告页面，如图 2-119 所示。

第 2 章 外贸主动获客和被动获客宝典 81

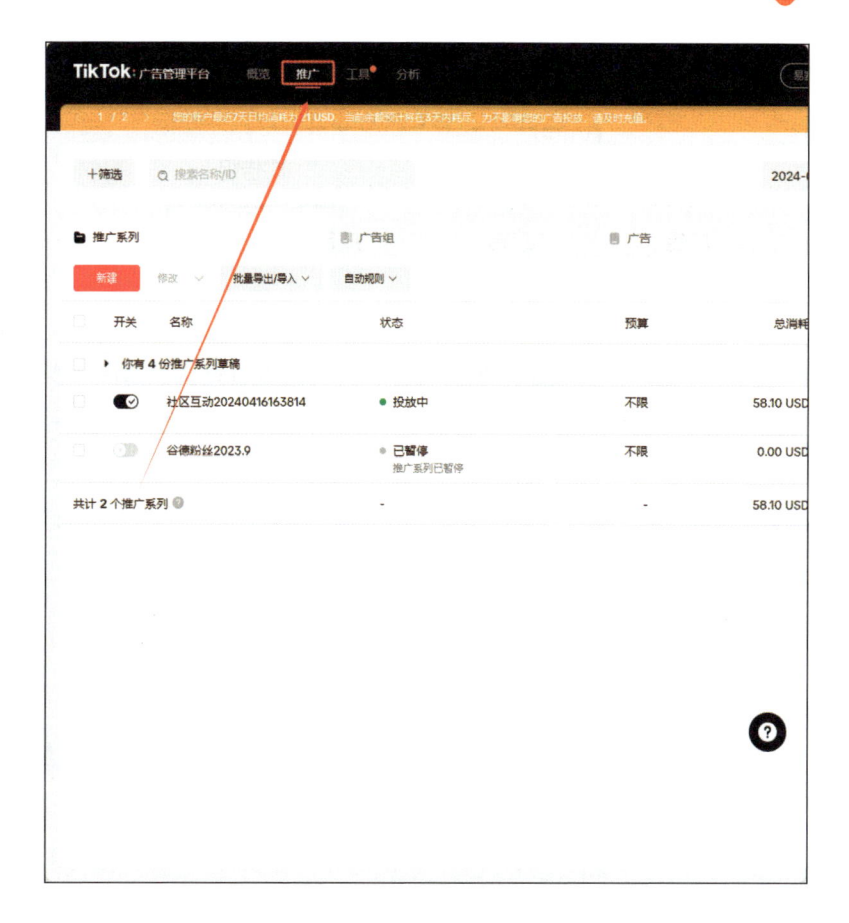

图 2-119

TikTok 广告

TikTok 的广告分为三层：推广系列、广告组和广告，如图 2-120 所示。

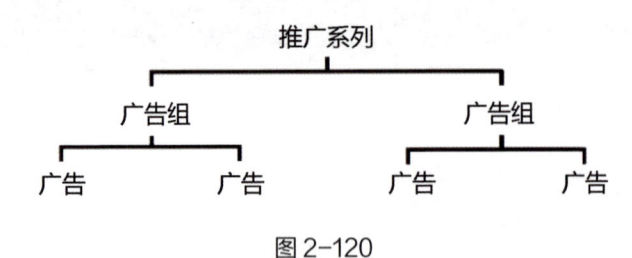

```
                    推广系列
              ┌───────┴───────┐
            广告组            广告组
           ┌──┴──┐          ┌──┴──┐
          广告   广告        广告   广告
```

图 2-120

其中，推广系列设定广告的目标，广告组设置广告的时间、费用、投放的国家及人群，广告负责设置投放广告的视频及制作表单。

首先了解一下"推广目标"，在这一层有很多广告目标，如图 2-121 所示。

图 2-121

其中，对于 B2B 卖家来说，以下 5 个广告是推荐投放的，如图 2-122 所示。

第 2 章 外贸主动获客和被动获客宝典

图 2-122

（1）覆盖人数：可以在你设定好的目标受众中多次展示广告，提高你的工厂/产品在大众中的认知度，具体作用见图 2-123。

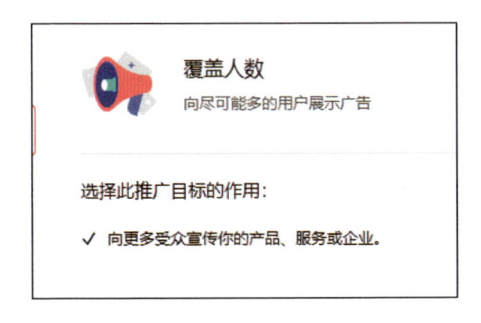

图 2-123

（2）访问量：如果你自己的公司有独立站，这个广告可以引导受众点击独立站链接，增加独立站的曝光量，具体作用见图 2-124。

图 2-124

（3）视频播放量：增加视频的播放量及完播率，增加受众的点赞、关注、收藏等互动，具体作用见图 2-125。

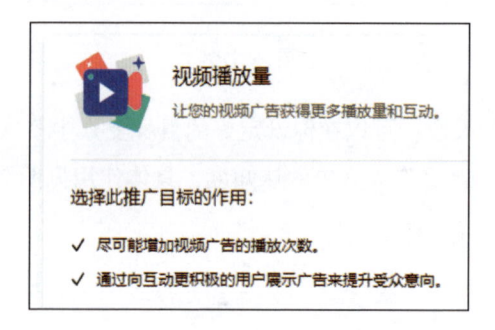

图 2-125

（4）社区互动：吸引其他人进入自己的主页，增加主页的访问量，推动粉丝增长，扩大品牌在 TikTok 上的影响力，树立品牌形象，具体作用见图 2-126。

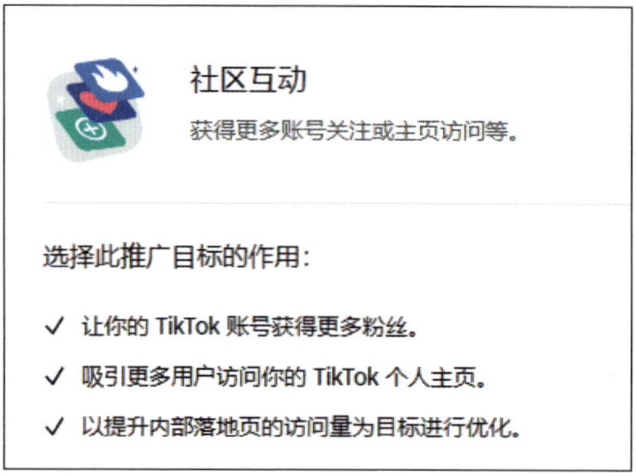

第 2 章　外贸主动获客和被动获客宝典

图 2-126

（5）线索收集：可创建表单收集客户信息，快速获得客户的联系方式，具体作用见图 2-127。

图 2-127

其他的广告目标都是偏向 C 端的，不再展开介绍。

下面是以上 5 种广告的具体投放。首先是覆盖人数，在"推广目标"下选择"覆盖人数"之后点击"继续"按钮，如图 2-128 所示。

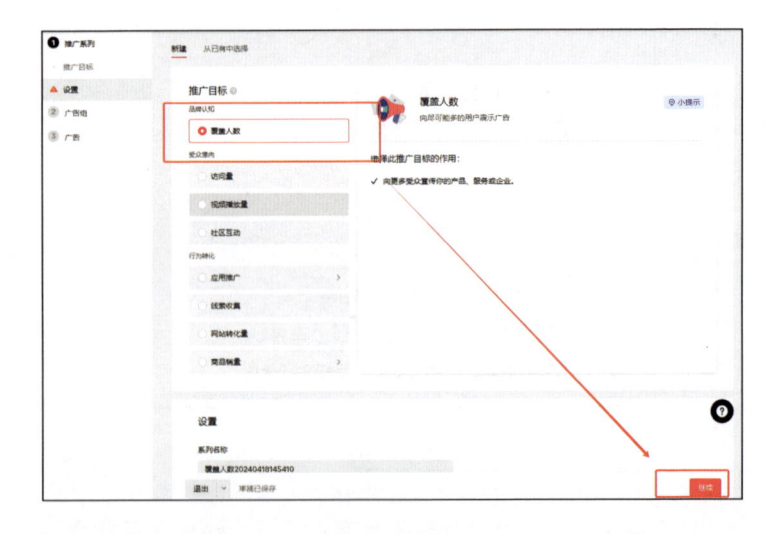

图 2-128

这时，出现图 2-129 所示的页面，在此可以设置广告的名字，可以以 xxx 公司的覆盖广告，或者 xxx 产品的覆盖为名称，以方便自己记忆，无须打开下面的任何一项，完成设置之后点击"继续"进入广告组页面，如图 2-130 所示。

图 2-129

第 2 章　外贸主动获客和被动获客宝典

图 2-130

在广告组页面，可以更改广告组名称（可以用推广地区或者受众命名），还可以设置人群属性，如图 2-131 所示。

首先点击"地域"下方的搜索框，在其中搜索自己需要投放广告的国家，建议大家对国家进行分类，以方便自己记忆，如图 2-132 所示。

外贸制胜：获客到成交全攻略

图 2-131

A组：欧洲 / 美国 / 加拿大 / 澳洲 / 日韩新

B组：非洲 / 南亚

C组：中东+北非（阿拉伯语）

D组：南美+墨西哥（葡萄牙语/西班牙语）

E组：东南亚

图 2-132

第 2 章 外贸主动获客和被动获客宝典

然后设置受众的性别、年龄、语言及消费能力,其中性别、语言及消费能力都可以选择"不限",如图 2-133 所示。针对"性别"栏,如果你有特殊产品需要限定性别的,可以自行选择。"年龄"栏不能选择小于 18 岁,如果选择了 18 岁以下的范围,TikTok 会对投广告的作品进行很严格的审核,所以不建议选择 18 岁以下选项。

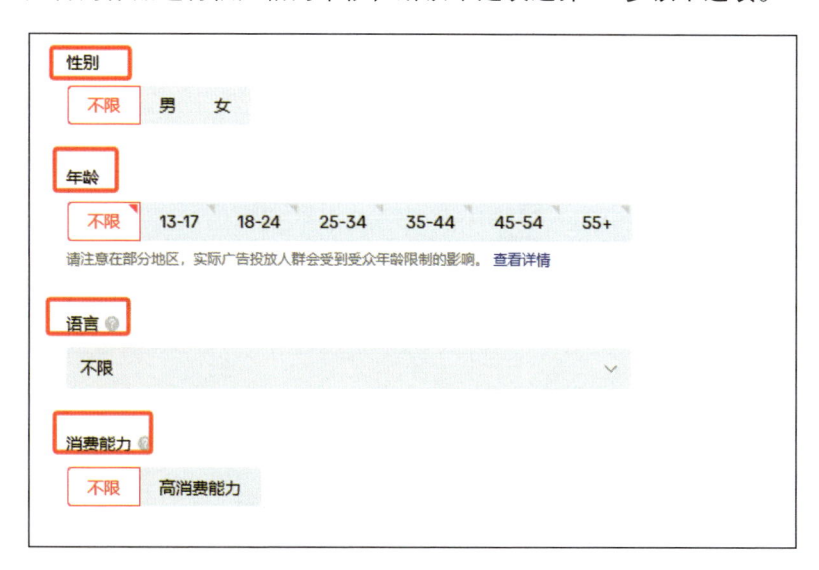

图 2-133

接下来设置自己的受众。在"兴趣与行为"下面,可以搜索自己产品的关键词,以及上下游关键词,如图 2-134 所示。

选择关键词时,选择后缀为"兴趣"的选项,如图 2-135 所示。

图 2-134

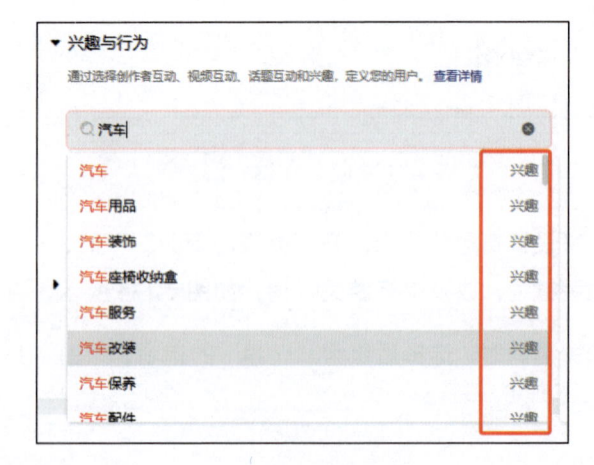

图 2-135

第 2 章　外贸主动获客和被动获客宝典　91

如图 2-136 所示，选择 5～10 个兴趣即可。

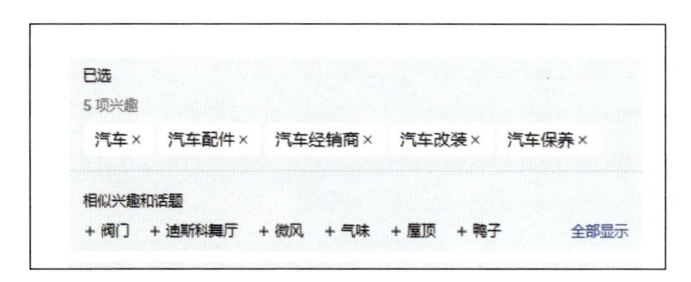

图 2-136

完成受众的设置之后，可以为受众命名并点击"保存"按钮进行保存，以后就可以直接用这次设置好的受众来投放广告了，如图 2-137 所示。

图 2-137

内容排除选项是可以选择一个或多个不希望在你的广告前后显示的具体内容类别，可以自行选择，如图 2-138 所示。

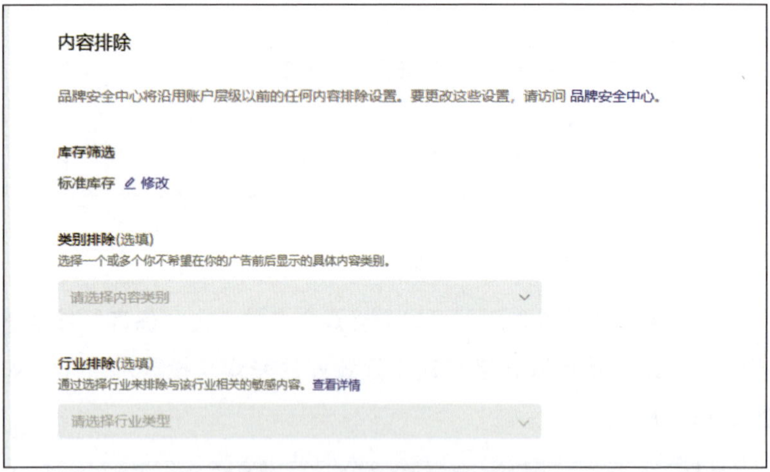

图 2-138

针对不同的广告目标，建议你都要去尝试使用，毕竟不同行业的特点不同。在起步阶段，先要做覆盖，增加粉丝量、互动量等，然后再做表单投放。其中，视频内容是重中之重，如果内容没做好，光靠广告投放，相对来说比较被动，账号也不会很优质。

除了以上社交媒体平台，国际上的社交媒体平台还有很多，但使用上大同小异。国际社交媒体平台在外贸领域中扮演着重要的角色，对企业的国际化发展和外贸业务的拓展具有显著的影响。

2.6 总结

在外贸行业中，获客并不是一个无法解决的难题。事实上，只要你采用正确的策略和方法，获客也可以变得相对简单。首先，建议大家充分利用多渠道策略，特别是那些免费或低成本的获客渠道。这些渠道不仅可以为你带来大量的潜在客户，还可以帮助你节省成本。

例如，社交媒体、行业论坛、免费网络广告等都是非常有效的免费或低成本获客的渠道。只要你能够精准定位目标客户，这些渠道就能为你带来意想不到的收益。

其次，如果你的能力和资金允许，你也可以同时开展一些成本较高的获客活动，如参加国际展会、投放谷歌广告等。但在此之前，一定要确保你对这些渠道有足够的了解，并能够明确预期的回报。

需要特别提醒的是，外贸并不是一个稳赚不赔的行业。与其他行业一样，外贸也有风险。因此，在进行任何投资之前，一定要确保你对该领域有足够的了解，切勿盲目跟风投资。

第 3 章

高效获得询盘的核心技能

3.1 如何让自己的 LinkedIn 邀请更具有个性化

要想让更多的客户加你为好友，你必须具备一定的吸引力，首先自己的账户页面必须丰富，其次向客户发出的好友请求必须有感染力。以下是几个好友申请的案例供大家参考，这些只是众多邀请中的几个，大家在学习的过程中，一定要深入思考，开发出独特的邀请信。

示例一：共同兴趣和爱好型

Hi Mike,

Your hobbies sound very interesting. I also enjoy traveling and watching movies.

I've visited many cities in China, as well as Canada, South America, and other places. I would like to be your friend.

If you have any plans to visit China, please feel free to let me know. I can share some helpful information.

Mia

译文：嗨，迈克，

你的爱好听起来非常有趣。我也喜欢旅行和看电影。

我去过中国的许多城市，还去过加拿大、南美洲等，我希望能成为你的朋友。

如果你有访问中国的计划，请随时告诉我，我可以分享一些有用的信息。

米亚

示例二：虚心请教型

Hi Mike,

I appreciate your approach to discussing "what happened with Sam's Club".

I know that you have worked at ABC and other well-known retailers for over 30 years, and are familiar with all the big retailers.

译文：嗨，迈克，

我欣赏你讨论"山姆会员商店发生了什么事"时的方式。

我知道，你在ABC和其他一些著名的零售商工作了30多年，对所有的大型零售商都很熟悉。

（了解客户的详细背景，给予相应的夸奖。）

We cooperated with ABC in 2010. I would like to add you to my professional network on LinkedIn to learn more from you.

译文：我们在2010年与ABC合作，我想把你添加到我的LinkedIn职业网络中，以便更多地向你学习。

（诚恳表达向其请教的意愿。）

示例三：开发市场型

就某类产品而言：

Hi Mike, How are you?

We collaborated with a US buyer for our latest XXX product at XX price. Are you interested in obtaining more information?

译文：我们与美国买家合作推出了最新的×××产品，价格为××。你有兴趣了解更多信息吗？

（激起对方的兴趣，不着急介绍自己。）

What a small world! One of our major buyers visited us last month, and you're connecting with them as well.

译文：世界真小啊！我们的一位重要买家上个月拜访过我们，而你也正与他们联系。

（一方面展现公司的实力，另一方面拉近彼此的距离。）

示例四：感谢关注型

Hi Mike,

Thanks for your comment on my post "How to Care for Our Customers（根据你自己已有的推文来写）". Could you give me a B2B website to sign up and learn more? Thanks so much.

I would like to be your friend.

译文：嗨，迈克，

感谢你对我发布的"如何关爱我们的客户"这篇文章的评论。你能推荐一个 B2B 网站让我注册并了解更多信息吗？非常感谢。

我希望能成为你的朋友。

示例五：对其赞美型

Hi Mike,

I like your post "Do You Like the Ideas?（根据具体情况来写）" I agree with your ideas. Now, in the age of technology, we can improve our health better.

译文：嗨，迈克，

我喜欢你的推文"你喜欢这些想法吗？"我同意你的观点。在现在的科技时代，我们可以更好地改善我们的健康。

（写一下自己的见解，引起更多的话题。）

示例六：职业技能讨论型

Dear Mike,

I noticed that you have extensive experience in human resources management on LinkedIn, and I have some experience in recruitment and talent development. I believe we might have many common topics to discuss and explore together.

I hope we can get to know each other and establish connection, and share our experiences and insights. If you have time, I would be glad to arrange a call or online meeting for a more in-depth conversation.

Looking forward to hearing from you.

Mia

译文：亲爱的迈克，

我注意到你在 LinkedIn 上拥有出色的人力资源管理经验，而我在招聘和人才发展方面也有一些经验。我相信我们可能有很多共同的话题可以一起交流和探讨。

我希望，我们能够互相了解并建立联系，分享彼此的经验和见解。如果你有时间，我愿意安排一次电话或线上会议，以便我们更深入地交流。

期待你的回复。

米亚

示例七：专业开发型

Dear XX,

Hello! I am the founder of an automotive parts company, and I am delighted to have come across you on LinkedIn. Your achievements in the automotive parts industry are highly respected, and I would be honored to connect with you to explore potential collaboration.

Our company is dedicated to providing high-quality automotive parts, focusing on meeting customer needs and delivering exceptional service. I believe your expertise and experience in the automotive parts field would be of great assistance to our development.

Looking forward to engaging in meaningful discussions with you and exploring opportunities for collaboration. If you are open to connecting with us, please feel free to reach out anytime.

Wishing you all the best!

Mia

译文：亲爱的××，

你好！我是一家汽配企业的创始人，很高兴在 LinkedIn 上发现了你。你的成就在汽配行业内非常有声望，我非常荣幸能够与你建立联系，共同探讨合作的可能性。

我们的企业致力于提供高质量的汽车配件，致力于满足客户的需求和提供卓越的服务。我相信你在汽配领域的专业知识和经验对我们的发展会有很大的帮助。

期待能够与你进行深入交流，共同探讨合作的机会。如果你愿意与我们建立联系，请随时联系我们。

祝你一切顺利！

米亚

示例八：开门见山型

Hi Mike,

As a professional Chinese company with our own brand and product development and design capabilities, we have prepared a simple quotation for you which is based on the products that are suitable for the

US market. Some of these products are quite different from the ones we developed for XXXX.

We are fully confident that our products can meet your needs and requirements.

Best regards.

Mia

译文：嗨，迈克，

作为一家具备自主品牌和产品开发设计能力的专业的中国公司，我们已经为你准备了一份简单的报价单，基于适合美国市场的产品选择。其中一些产品与我们为×××开发的产品有很大不同。

就你的需求和要求而言，我们对我们的产品完全有信心可以满足它们。

致以最诚挚的问候。

米亚

示例九：死缠烂打型

Dear Mike,

I'm back again. Here is more information for your reference. No good vendor would be completely lacking in social proof. Please check the latest review I received from my new customers.

Would you be able to give me the opportunity to provide a quote, create samples, or anything else?

At the same time, I apologize for sending so many E-mails.

Mia

译文：亲爱的迈克，

我又来了。这里有更多信息供你参考。没有一个好的供应商会完全没有社交证明，请查看我最近从我的新客户那里收到的最新评论。

你是否能给我提供机会进行报价、样品制作或其他任何事项呢？

同时，对于我频繁发送电子邮件表示歉意。

米亚

示例十：随机应变型

Hi Mike,

Thank you for your attention to my post.

You appear to be very kind and knowledgeable in XXX. I visited Canada last month, and it is a wonderful place.

I sincerely hope to have the opportunity to learn from you.

译文：

嗨，迈克，

感谢你对我的帖子的关注。你看起来非常友好且在×××方面知识渊博。我上个月去了加拿大，那是一个美丽的地方。

我真挚地希望有机会向你学习。

（每个人都喜欢被别人肯定或者赞美，后面就看客户回复了。）

3.2 如何写出有创意的社交媒体动态内容

社交媒体动态内容可以天马行空，但是一定要有记忆点。下面给出几个案例作为参考，大家可以结合自身的优势写出更多的文案，文案不一定局限于与产品有关的内容，各种创新内容都可以。比如，拍公司销售冠军的一天、公司做的一些社会公益活动等，但务必在每个视频中彰显自己的公司名称或者 logo，这就是视频给到用户的记忆点。这个动态内容不仅仅可以在 LinkedIn 上展示，还可以在 Facebook 等其他社交媒体平台发布，内容相通。

1. 写行业咨询

#automechanika #autoparts Shanghai Automechanika has been canceled due to the virus. We are uncertain about when it will be rescheduled. Once we have any good news, we will inform you. We hope to meet you soon in China, my dear old friends.

译文：#汽车零配件展#汽车配件　由于病毒的原因，上海汽车零配件展已被取消。我们不确定何时能够重新安排。一旦有任何好消息，我们会通知你们。我们希望很快能在中国见到你们，亲爱的老朋友们。

（注意：#是标签，发动态务必加上热门标签、行业标签等，标签中单词之间不加空格。）

2. 写产品动态

#strutmount #autoparts　New year, new products!

Many customers have been inquiring about this strut mount.

We have already completed production and are confident that you will have good sales after purchasing this item. We are eagerly awaiting your orders.

译文：#顶胶#汽车配件　新的一年，新的产品！

许多客户都询问了顶胶。

我们已经完成了生产，并确信你购买这个产品后可以获得良好的销售业绩。非常期待你的订单。

3. 写团队

#salesteam #autoparts #bestservice　Our sales team is dedicated to providing our customers with the best service and care. We strive to build long-lasting relationships, add value, and assist customers in acquiring the right products for their needs.

译文：#销售团队#汽车配件#最佳服务　我们的销售团队致力于为客户提供最优质的服务和关怀。我们努力建立长期的关系，增加价值，并帮助客户获取适合他们需求的正确产品。

4. 写原材料

#rawmaterial #material #autoparts Raw materials are a crucial component in the manufacturing of our products. The use of high-quality materials leads to exceptional products.

译文：#原材料#材料#汽车配件 原材料是我们产品加工的关键组成部分。使用高质量的材料可以生产出卓越的产品。

5. 写生产流水线

#productionline #production #autoparts #shockabsorbers In the production of our shock absorbers, we ensure that they provide a smooth operation and enhanced responsiveness.

The pistons are filled with low friction materials which enable the shocks to function excellently in various conditions and minimize the impact felt while driving.

译文：#生产线#生产#汽车配件#减震器 在我们减震器的生产过程中，我们确保它们能够提供平稳的操作性和增强的反应性。

活塞内充满了低摩擦材料，使得减震器在各种条件下都能够出色地运行，并最大限度地减少行驶时的冲击感。

6. 写检测设备

#testing #shockabsorbers #autoparts During the manufacturing of the shock absorbers, they undergo a series of tests to ensure good quality. These tests include: Temperature test, Endurance test, Impact test, Waterproof test, Dustproof test.

译文：#测试#减震器#汽车配件　在减震器的制造过程中，它们会经历一系列的测试，以确保良好的质量。这些测试包括：温度测试、耐久测试、冲击测试、防水测试、防尘测试。

7. 写测试

#testpercentage　Product testing is conducted to ensure that the shock absorbers meet all required standards before being shipped to customers. Typically, we test 2% of the products to ensure that all shocks are fully functional.

译文：#测试率　产品测试是为了确保减震器在发货给客户之前符合所有的所要求的标准。在通常情况下，我们会对2%的产品进行测试，以确保所有的减震器都能正常运作。

8. 写产品

#autoparts #shockabsorbers　Showcasing the final products after production,our high-quality shock absorbers are manufactured by using superior techniques that ensure reliability and provide smooth driving experiences.

译文：#汽车配件#减震器　在生产完成后展示最终产品，我们的高质量减震器采用卓越的制造技术生产，能确保可靠性并提供平稳的驾驶体验。

第3章 高效获得询盘的核心技能

9. 写装货

#shockabsorbers #shocks #shipping #loading   When shipping the shock absorbers, careful packaging is crucial as it helps protect the products from sudden damages and breakages that may occur during transportation.

译文：#减震器#震动#运输#附加费用   在运输减震器时，精心的包装至关重要，因为它有助于保护产品免受运输过程中可能发生的突发损坏和破碎。

10. 写展会

#shockabsorbers #shocks #autopartsshow #exhibition #fair   The China Wenzhou Auto and Motorcycle Parts Expo will be held at the Wenzhou International Convention & Exhibition Center in our company's hometown from November 4th to 6th, 2022. The theme of the expo is "Building a strong platform and energizing future industries". Let us come together and establish cooperation between our enterprises.

Wishing the event a great success!

译文:#减震器#震动#汽车配件展#展览#展销会   中国温州汽车摩托车配件博览会将于2022年11月4日至6日在我们公司所在温州的国际会展中心举行。博览会的主题是"建立强大平台，激励未来产业"。让我们一起团结起来，建立企业间的合作关系。

祝本次活动圆满成功！

3.3 简洁明了的 WhatsApp 开发信模板

WhatsApp 开发信一般要求简洁明了,因为大部分人喜欢用手机看信息,如果内容太多,大部分人就不太愿意看。当然,必要的时候,内容多一些也可以。以下是开发信的八种模板,供大家参考。

模板一:Hello! I'm Mia from China. We are professional manufacturer of strut mounts. Are you interested in strut mounts? We can send you our product catalog.

译文:你好!我是来自中国的米亚。我们是专业的顶胶制造商。你对顶胶感兴趣吗?我们可以给你寄我们的产品目录。

模板二:Hi! I am Mia, a strut mount manufacturer from China. Are you interested in strut mounts? We have various types available for different cars. Please contact me, and I will provide you with a quote.

译文:你好!我是来自中国的顶胶制造商米亚。你对顶胶感兴趣吗?我们有适用于不同车型的多种类型顶胶。请与我联系,我将为你提供报价。

模板三:Hello friends,our company is a strut mount factory. Are you interested in our products?

第 3 章　高效获得询盘的核心技能

译文：大家好，我们公司是一家生产顶胶的工厂。你对我们的产品感兴趣吗？

模板四：Hello! I'm Mia from China. Our company is a professional strut mount manufacturer with years of experience. Are you interested in learning about our products?

译文：你好！我是来自中国的米亚。我们公司是一家具有多年经验的顶胶制造商。你有兴趣了解我们的产品吗？

模板五：Hi! I found your WhatsApp contact on Facebook regarding strut mounts. Our company is a professional strut mount factory with years of experience. An e-catalog will be provided if needed. Please contact us directly. Thank you! We look forward to hearing from you soon.

译文：嗨！我在 Facebook 上发现你的 WhatsApp 账号中有关于顶胶的内容。我们公司是一家专业的顶胶工厂，拥有多年的经验。如果需要，我们可以提供电子产品目录。请直接与我们联系。谢谢！我们期待尽快收到你的来信。

模板六：Hello! I'm Mia from China. Our company is a professional strut mount factory with years of experience. Our products are available for wholesale or retail. An e-catalog will be provided if needed. You can compare us with existing suppliers, or you can consider us as your backup supplier.

We look forward to hearing from you soon.

译文：你好！我是来自中国的米亚。我们公司是一家具有多年经验的顶胶制造商。我们的产品可以批发或零售。如有需要，我们可以提供电子产品目录。你可以将我们与现有供应商进行比较，或者将我们作为备选供应商。

我们期待尽快收到你的来信。

模板七：Hello! I'm Mia from China. Our company is a professional strut mount factory with years of experience in design and production. We hope to have the opportunity to establish a business relationship with you.

An e-catalog will be provided if needed. You can compare us with existing suppliers or consider us as your backup supplier.

We look forward to hearing from you soon.

译文：你好！我是来自中国的米亚。我们公司是一家专业设计和生产顶胶的工厂，拥有多年经验。我们希望有机会与你建立业务关系。

如有需要，我们将提供电子产品目录。你可以将我们与现有供应商进行比较，或者将我们作为备用供应商。

我们期待尽快收到你的来信。

模板八：Hello!

I'm Mia from China. We hope to have the opportunity to establish a business relationship with you.

Our company is a factory specializing in the design and production of strut mounts. We offer fast delivery, high-quality production, and competitive prices.

An e-catalog will be provided if needed. You can compare us with existing suppliers or consider us as your backup supplier.

Please contact us directly. Thank you!

We look forward to hearing from you soon.

译文：你好！

我是来自中国的米亚。我们希望有机会与你建立业务关系。

我们公司是一家专业设计和生产顶胶的工厂。我们提供快速配送、优质产品和具有竞争力的价格。

如果需要，我们将提供电子产品目录。你可以将我们与现有供应商进行比较，或者将我们作为备选供应商。

请直接与我们联系。谢谢！

我们期待尽快收到你的来信。

3.4 如何写出具有吸引力的 E-mail 开发信

3.4.1 E-mail 的基本架构

E-mail 的内容主要包括以下几部分：

（1）标题：简明扼要（最好不超过6个单词）。例如：

Brake pads

RE: offer for brake pads

Brake pads for passenger car

（2）正文开头：每一段落之间空一行。

Thank you for your E-mail of 28th February regarding the …

译文：谢谢你2月28日关于……的来信。

With reference to our telephone conversation on Friday, I would like to let you know that …

译文：关于周五我们在电话里谈的事情，我想跟你说……

We are glad/writing to inform you that …

译文：我们非常高兴/写信通知你确定……

We are writing regarding the complaint you sent on 28th February.

译文：我们写信是关于你2月28日的投诉问题。

In my previous E-mail on October 5…

译文：先前在我10月5日所写的信中……

As I mentioned earlier…

译文：如我先前所提及的……

（3）结尾：

We hope this will be a good start for a long and profitable business relationship.

译文：我们希望这将是一个长期和有利的业务关系的良好开端。

We are anticipating you early reply.

译文：我们期待你早日答复。

Thank you in advance for your speedy reply.

译文：提前感谢你的迅速回复。

（4）敬语：

Yours sincerely,

Yours truly,

Best regards.

（5）落款：

Mia

Wechat No.: +86139xxxxxxxx

Skype No.: caizhan1234

WhatsApp: +86139xxxxxxxx

E-mail: xxxxxxxxxxxxx@163.com

落款也可以直接附上自己的名片。

3.4.2 我要做"标题党"

邮件标题是吸引客户进行点击的关键，所以务必要在标题上下功夫，切勿标题一成不变。写开发信就好比唱独角戏，大部分时候客户不会回复，我们不仅要有耐心，还要学会变通，将标题多样化，因为客户不同，需求不同，喜好自然也不同，我们不确定哪个标题会吸引哪部分客户，所以唯有多变。比如，以刹车片为例：

（1）以产品为主题：Brake pads.

（2）以市场为主题：Brake pads for Mexico market.

（3）以原材料为主题：Ceramic brake pads.

（4）以车型为主题：Brake pads for Japanese car.

（5）以新产品为主题：X5 brake pad.

（6）以当地畅销款为主题：D510 brake pad is on sale.

（7）以知名客户供应商为主题：We are ABC's supplier.

（8）以产品功能为主题：Brake pads for passenger car.

（9）显示对方采购人员的名字：To Alex.

（10）显示回复邮件：Re: new order of brake pads.

大家可以在以上基础上进行扩展和衍生。把写开发信当作一种乐趣，一种挑战，把每天写一个新标题当作自己的作业，这样你会发现，你的潜力真的是无限的，做事追求结果但不强求结果，不因为结果不好而气馁或者放弃，那么你就成功了一半。

3.4.3　E-mail 开发信模板

下面是开发信的三种模板，供大家参考。

模板一：展会后及时跟踪。

I'm Mia from ABC Company, and we met at the auto parts show in Shanghai. I hope you still remember me. We have been producing brake pads for over 10 years. Our factory is located in Tangxia, Ruian, Zhejiang Province, known as a significant town for auto parts. We have obtained Ameca and ISO 16949 certification.

We are proud to have customers in South America, the Middle East, and Europe. Our product range includes different materials such as semi-metallic and ceramic.

Here are the advantages of our brake pads:

The semi-metallic brake pads have a lifespan of up to 30,000 kilometers, while the ceramic ones last around 50,000 kilometers.

Our brake pads are designed to be noise-free and dust-free, ensuring a smooth and clean driving experience.

We prioritize environmental responsibility in our manufacturing process.

All our materials have passed the Ameca certification, assuring their quality and safety.

We are committed to providing excellent customer service, ensuring your satisfaction.

If you have any questions, please don't hesitate to contact us. We are eagerly looking forward to receiving your reply.

译文：我是来自 ABC 公司的米亚，我们在上海的汽车零部件展会上见过面。希望你还记得我。我们生产刹车片已经超过 10 年。我们的工厂位于浙江省瑞安市塘下镇，这是一个以汽车零部件闻名的重要城镇。我们已获得 Ameca 和 ISO 16949 认证。

我们很自豪能够拥有来自南美、中东和欧洲的客户。我们的产品范围包括半金属和陶瓷等不同材料。

以下是我们刹车片的优势：

半金属刹车片的寿命可达 30,000 千米，而陶瓷刹车片可使用约 50,000 千米。

我们的刹车片设计旨在无噪声、无粉尘，确保驾驶体验平稳且清洁。

我们在制造过程中优先考虑环境责任。

我们的所有材料均已通过 Ameca 认证，确保其质量和安全性。

我们致力于提供卓越的客户服务，确保你的满意度。

如果你有任何问题，请随时与我们联系。我们急切期待收到你的回复。

模板二：根据特定市场写开发信。

Dear Mike,

Hello! I am a representative from ABC Automotive Brake Pad

Factory, and I am thrilled to send you this E-mail.

We are aware of your esteemed position in the Mexican market and have a strong interest in catering to the demand for our automotive brake pads in this region. Allow me to introduce our company and the advantages of products to you.

ABC Automotive Brake Pad Factory is a specialized manufacturer of high-quality brake pads with years of industrial experience. Equipped with advanced production facilities and skilled technical teams, our factory is committed to providing exceptional brake pad solutions to our customers.

To ensure our product quality meets international standards, we have obtained ISO 9001 certification, and our brake pads are Ameca certified, a crucial certification for the Mexican market.

Our brake pads are made with premium materials, offering excellent wear resistance and stable braking performance, providing superior braking experiences for vehicles. Furthermore, our products undergo rigorous testing and quality checks to ensure safe driving for our customers.

We place great emphasis on meeting customers' requirements and offer customized brake pad solutions to cater to various car models and applications.

If your company is interested in our products or has any inquiries, please feel free to get in touch with us. We look forward to establishing a long-term partnership in the Mexican market and providing full support for your business growth.

Thank you for taking the time to read this E-mail. We anticipate your response.

Best regards.

译文：尊敬的迈克，

你好！我是ABC汽车刹车片厂的代表，非常高兴给你发送这封电子邮件。

我们了解到你在墨西哥市场的卓越地位，对我们汽车刹车片在该地区的需求非常感兴趣。让我向你介绍我们公司和产品的优势。

ABC汽车刹车片厂是一家专业生产高品质刹车片的制造商，拥有多年的行业经验。我们工厂配备先进的生产设施和技术娴熟的团队，致力于为客户提供卓越的刹车片解决方案。

为确保我们的产品质量符合国际标准，我们已获得ISO 9001认证，并且我们的刹车片还获得了Ameca认证，这是墨西哥市场的关键认证。

我们的刹车片采用优质材料制造，具有出色的耐磨性和稳定的制动性能，为车辆提供卓越的制动体验。此外，我们的产品经过严格测试和质量检查，以确保客户安全驾驶。

我们非常重视满足客户的需求，并提供可定制的刹车片解决方案，以满足不同的汽车型号和应用需求。

如果贵公司对我们的产品感兴趣或有任何疑问,请随时与我们联系。我们期待在墨西哥市场建立长期的合作伙伴关系,并为贵公司的业务增长提供全面支持。

感谢你抽出时间阅读这封电子邮件。我们期待你的回复。

致以最诚挚的问候。

模板三:根据市场最畅销的产品写一封开发信。

Hello! I am a representative from ABC Automotive Brake Pad Factory, and I am thrilled to introduce our top-selling brake pad product in the Mexican market.

Our Ceramic Brake Pads have been garnering excellent reviews in Mexico for their exceptional performance and superior quality.

Product Features:

Outstanding Braking Performance: Ceramic brake pads offer exceptional braking power and stability, enabling quick deceleration and consistent brake effectiveness.

Low Noise, Low Dust: Utilizing advanced manufacturing technology, these brake pads minimize noise and dust during braking, providing a cleaner and more comfortable driving experience.

High Wear Resistance: Ceramic brake pads demonstrate remarkable wear resistance, extending their lifespan and reducing the frequency of replacement and maintenance costs.

Environmentally Friendly: Our ceramic brake pads are

manufactured by using environmentally friendly materials, adhering to international environmental standards and contributing to both your driving experience and environmental protection.

If you are interested in our ceramic brake pads or have any inquiries, please feel free to reach out to us. We look forward to establishing a long-term partnership with you in the Mexican market and providing you with high-quality brake pad products and services.

Thank you for taking the time to read this E-mail. We look forward to your response.

Best regards.

译文：你好！我是ABC汽车刹车片厂的代表，很高兴向你介绍我们在墨西哥市场的最畅销刹车片产品。

我们的陶瓷刹车片在墨西哥市场因其出色的性能和卓越的质量而备受好评。

产品特点：

出色的刹车性能：陶瓷刹车片具有卓越的制动力和稳定性，可实现快速减速和持续的刹车效果。

低噪声、低粉尘：通过先进的制造技术，这些刹车片在制动过程中减少了噪声和粉尘，为驾驶提供更清洁、更舒适的体验。

高耐磨性：陶瓷刹车片表现出非凡的耐磨性，延长了刹车片的使用寿命，减少了更换频率和维护成本。

环保：我们的陶瓷刹车片采用环保材料制造，符合国际环保标准，为你的驾驶体验和环境保护贡献一份力量。

如果你对我们的陶瓷刹车片感兴趣或有任何疑问，请随时与我们联系。我们期待与你在墨西哥市场建立长期的合作伙伴关系，并为你提供优质的刹车片产品和服务。

感谢你抽出时间阅读这封邮件。期待你的回复。

致以最诚挚的问候。

3.5 总结

在开发信发出后，E-mail 可能会面临石沉大海的情况，作为外贸人，我们务必要做到以下两点。

1. 变通

千万不要指望一封 E-mail 就能搞定所有客户，因为每个客户的需求不同，所以我们一定要用不同的内容吸引不同的客户，内容不需要非常华丽，但是务必要经常变动。

除了在内容上做变动，我们还要在渠道上做变动，不能局限于一种渠道。除了在 E-mail、WeChat、WhatsApp 等平台写开发信，还可以在朋友圈和各大社交媒体平台发各种动态。另外，我们还可以直接打电话。

2. 坚持

开发外贸 B 端用户需要我们慢慢积累信任，快的需要一个月，慢的可能需要一年，甚至有的需要三四年才能开发成功，所以外贸人必须清楚客户大概率不会回复。面对石沉大海的开发信，我们不能气馁，不能自我怀疑，不能有各种情绪内耗，而是要一直心存希望，一直积极向上，一直坚持到底。

一旦客户开发成功，后期维护起来就相对比较轻松了，所以外贸行业看起来好像很难，实际上它确实可以改变很多人的命运，也是相对比较容易入门的行业。

第 4 章

外贸有效报价这样做，你才有机会获得订单

4.1 必须要知道的报价贸易术语

做惯了国内市场的厂家习惯性地会认为报价是不含税的价格，客户好像彼此也都已经默契这种行业报价规则，但是在国际贸易中没有这种习惯，报价时必须说清楚价格涵盖的项目。下面我们介绍几种价格贸易术语。

EXW（EX Works）：即工厂交货价，指卖方将货物准备好供买方提取，卖方不承担运输和保险等费用，买方需要自行负责相关费用。

FOB（Free On Board）：即船上交货价，指卖方将货物交付至装运港口并负责将货物装上船舶的全部费用，包括运费、保险费等。一旦货物装上船，买方就负责运输和相关的费用。

CNF（Cost and Freight）：即成本和运费，指卖方将货物交付到目的港口，并负责将货物运输到指定的港口所需的费用（包括运费和保险费）都包含在内的价格，也被称为 CFR。

CIF（Cost, Insurance and Freight）：即成本、保险费和运费，指卖方负责将货物交付到目的港口并负担运费和保险费用，包括货物的成本、运费和保险费。一旦货物到达目的港口，买方就负责卸货和清关。

DAP（Delivered At Place）：即指定地点交货价，指卖方将货物交付至指定地点（不包括卸货），买方负责卸货、清关和进一步运输。

DDU（Delivered Duty Unpaid）：即未完税前交货价，指卖方负责将货物交付至指定目的地，但不负责卸货和支付关税与其他进口费用，买方需要承担这些费用。

DDP（Delivered Duty Paid）：即完税后交货价，指卖方负责将货物交付至买方指定的目的地，包括卸货、清关和交付给买方的全部费用。

在以上贸易术语中，比较常用的是 EXW、FOB、CIF 三个，C 端客户使用 DDP 比较多。

4.2 如何制定一份专业的报价单

报价后不一定能马上获得订单，但是一份专业的报价单会给客户留下一个好印象。做外贸就像谈恋爱一样，每一次的沟通不一定马上有结果，但是如果每一个环节都能给客户留下好印象，那么总有一天可以修成正果。在报价单制定中，除了常规的国际通用号码、产品图片、单价、数量、总价，还要添加装箱数据、毛净重及体积，如图 4-1 所示。另外，在报价中要直接告之客户总体积和总重量，以方便个别客户刚好凑满整柜，节省运费，也能给客户留下好印象。

在报价单中，还要附上报价有效期、交货时间、包装方式、付款方式、质量标准、保质期、价格变动说明，如图 4-2 所示。当然，你也可以直接附上公司的银行账号，一般情况下，我们只有在做合同的时候才会添加银行账号。

外贸制胜：获客到成交全攻略

QUOTATION											
QUOTATION #:						DATE:					
BUYER:						SELLER:					
ADDRESS:						ADDRESS:					
TEL:						TEL:					
ATT:						ATT:					
S/N	ITEM NAME	ITEM NO.	PIC	MOQ PCS	FOB NINGBO (USD)	AMOUNT (USD)	PCS/CTN	CTN	NW/CTN (KGS)	GW/CTN (KGS)	TOTAL NW (KGS)	TOTAL GW (KGS)	CBM/CTN	CBM

TERMS AND CONDITIONS
1 Validity of offer: May. 1st, 2021
2 Payment term: 30% T/T as deposit, and 70% balance before shipment.
3 Package:
4 Delivery time:
5 Quality stdandard:
5 Bank info

Bank Name:
Swift Code:
Account Name:
Account NO.:
Bank Address:

Any changes of bank information are subject to telephone & email confirmation.
Any comments about this quotation, please feel free to contact me.

图 4-1

REMARK:
1 validity of offer: May. 30 2023
2 delivery time: about 60 days after deposit.
3 Package: Neutral (中性), as customer's request (按照客户的要求), our brand of package (做我们的品牌)
one pcs with one plastic bag, two pcs in one color box, carton is without any words./ in bulk/ in wooden case
4 payment: 30% TT as a deposit, and 70% TT before shipment.
5 Quality standard: 52% Rubber.
6 quality guarantee: one year
7 Description of price change: the price is based on the rate 6.9-7.1,
If the exchange rate change is not in this range, we will give the new price, before you making the order.

图 4-2

图 4-2 中的内容译文：

1. 报价有效期：2023 年 5 月 30 日之前

2. 交货时间：收到订金后的 60 天左右。

3. 包装方式：中性/按照客户的要求/做我们的品牌；每个产品配一个塑料袋/两件产品配一个彩盒；中性包装/散装/木箱包装。

4. 付款方式：30%作为订金电汇，70%发货前付清。

5. 质量标准：52%的橡胶。

6. 保质期：一年。

7. 价格变动说明：价格是按照汇率为 6.9～7.1 计算的，如果汇率变动不在这个范围内，我们会在你下订单之前重新报价。

当客户提出一个问题时，你需要能回答客户接下来可能会提出的 N 个问题，这样才能给客户留下好印象。不要纠结于辛辛苦苦做好报价单，万一客户不下单怎么办？因为做 B 端客户不能急于求成，我们的每一个步骤都在为客户下单做铺垫，写开发信是，发社交媒体动态也是，报价还是。如果每一个环节我们都能给客户留下很好的印象，那么订单自然离我们就不远了。另外，需要做好报价模板，这样可以做到"一劳永逸"，每次报价时只需要把产品换一下就可以了。

4.3 报价邮件可以这样写

在做好报价单，并添加到邮件附件后，需要给客户写一封邮件，邮件可以简单明了，也可以详细一些。以下是邮件的几个模板，供参考。

模板一：

Thank you for your inquiry on June 1st regarding our brake pads. We are pleased to provide you with the technical information, as well as our product catalog and price list. After reviewing the prices and trade terms, you will understand why we are operating at full capacity to meet demand.

We look forward to the opportunity to serve you.

译文：感谢你于 6 月 1 日对我们刹车片的询价。我们非常高兴地为你提供技术信息，以及产品目录和价格表。在查看价格和贸易条款后，你会了解为什么我们正在全力满足市场需求。

我们热切期待为你提供服务的机会。

模板二：

Thank you very much for your inquiry. Attached is our quotation for your reference. Please note that the quotation is for reference only, and the actual price may vary based on the order quantity and specific requirements. Quality has always been our top priority, and we assure you of high-quality brake pad products.

If you have any questions regarding the quotation above or any other products, please feel free to contact us. We look forward to establishing a long-term partnership with you and providing you with satisfactory service.

Thank you for your support!

第4章　外贸有效报价这样做，你才有机会获得订单

译文：非常感谢你的询价。附件中是我们的报价供你参考。请注意，该报价仅供参考，实际价格可能根据订购数量和具体要求而有所变化。质量一直是我们的首要任务，我们向你保证提供高质量的刹车片产品。

如果你对上述报价或其他产品有任何疑问，请随时与我们联系。我们期待与你建立长期的合作伙伴关系，并为你提供满意的服务。

感谢你的支持！

模板三：

Good day! Here is our quotation in the attachment. Please check it. We are looking forward to your trial order.

译文：你好，附件中是我们的报价单，请核实。我们期待你的试订单。

模板四：

Thank you very much for your inquiry. We have received it and appreciate your requirements.

Currently, we are carefully evaluating your inquiry to ensure that we provide the most accurate and competitive quotation. Taking into account factors such as product variety and order quantity, we will need some time to finalize the quotation.

Please rest assured that we will process your inquiry as promptly as possible and provide you with the quotation once it is ready. If you have any specific requirements or other questions, feel free to contact us.

Thank you for your attention and support. We are excited about the opportunity to offer you excellent service.

Best regards.

译文：非常感谢你的询价单。我们已经收到你的询价，并非常重视你的需求。

目前，我们正在认真评估你的询价单，以确保给出最准确和最具竞争力的报价。考虑到产品种类和订单数量等因素，我们需要一些时间来完成报价。

我们将尽快处理你的询价，并在完成后第一时间将报价发送给你。如果你对其他方面有任何特殊要求或其他问题，也请随时与我们联系。

感谢你对我们的关注和支持。我们期待能为你提供满意的服务。

致以最真挚的问候。

4.4 如何选择付款方式

1. 付款方式的贸易术语

T/T（Telegraphic Transfer）：即电汇，是一种即时的银行转账方式，买方通过银行将款项转给卖方的账户。

D/P（Documents against Payment）：即付款交单。在 D/P 条件下，买方在收到货物的相关单据（如提单、发票、装箱单等）后，必须向卖方付款。

D/A（Documents against Acceptance）：即承兑交单。在 D/A 条件下，买方在收到货物的相关单据后，必须在规定的期限内（通常是单据日期后的一定天数）签署承兑汇票，并向卖方承兑。卖方可以持有承兑汇票，等到到期日兑现。

L/C（Letter of Credit）：即信用证，是国际贸易中常用的一种支付方式，由买方的银行向卖方的银行发出，确保买方在货物交付后支付款项给卖方。

2. 其他贸易术语

MOQ（Minimum Order Quantity）：最小订购量。

PI（Proforma Invoice）：即形式发票。PI 是一种临时性发票。

CI（Commercial Invoice）：即商业发票。CI 是一份正式的、具有法律约束力的发票，用于确认实际销售交易的商品或服务，并作为结算依据。

PL（Packing List）：包装清单。

BL（Bill of Lading）：提单，是货物运输的重要文件。

CO（Certificate of Origin）：原产地证明，证明货物的产地。

对我们供应商来说，T/T 是最简单的付款方式，即客户安排货款，我们再发货，一般建议是 30% 的订金，剩余的 70% 在发货前付清，当然不是所有的客户都会同意，所以需要跟客户洽谈。

下面是交易中经常遇到的几种情况，供参考。

比如，客户说通过 L/C 进行付款，我们可以这样说：

Thank you for your interest in our products and your trust in our company. As we discuss the payment terms, we understand that you prefer payment through a letter of credit, while we typically use Telegraphic Transfer (T/T) as our payment method.

We highly value our collaboration with customers and strive to provide convenient and flexible payment options. While a letter of credit offers a secure and reliable payment method, it may involve additional procedures and expenses. On the other hand, T/T payment is simpler, faster, and can reduce unnecessary time and costs.

We suggest that we mutually explore and select a payment method that suits both parties. If you have any concerns or doubts regarding the T/T payment method, we are more than willing to engage in a thorough discussion with you to find solutions together and ensure a smooth collaboration.

Regardless of the payment method you choose, we remain committed to delivering high-quality products and satisfactory services. We look forward to creating a prosperous future together!

译文：非常感谢你对我们的产品感兴趣和对我们公司的信任。在讨论付款条件时，我们了解到你更倾向于使用信用证作为支付方式，而我们通常采用电汇（T/T）作为付款方式。

我们非常重视与客户的合作，并努力为你提供最便捷和灵活的付款方式。虽然信用证提供了安全可靠的支付方式，但可能涉及额

第4章 外贸有效报价这样做，你才有机会获得订单

外的手续和费用。而T/T付款方式更加简单、快捷，并且可以减少不必要的时间和成本。

我们建议双方相互探讨并选择一种适合双方的付款方式。如果你对T/T付款方式有任何疑虑或疑问，我们非常愿意与你进行深入讨论，共同找到解决方案，确保我们的合作顺利进行。

无论你选择哪种付款方式，我们都致力于提供高质量的产品和满意的服务。期待与你共创美好的未来！

如果客户的国家规定必须通过信用证付款，而客户要求30天远期信用证，我们可以尽量争取即期信用证，邮件可以这样写：

We sincerely value the opportunity to collaborate with you. However, due to it being our first cooperation, processing a 30-day Letter of Credit (L/C) may encounter challenges with our financial department and could lead to rejection. We propose considering an L/C at sight, which we believe to be a fair payment term that ensures mutual benefits. As our partnership continues and establishes a positive track record in our system, we would be open to considering the 30-day L/C option for future transactions.

译文：我们非常重视与你合作的机会。然而，由于这是我们首次合作，开立30天信用证（L/C）可能会在我们的财务部门遇到困难，并有可能被拒绝。我们建议考虑即期信用证（L/C）支付方式，我们认为这是一个公平的付款条件，可以确保双方的利益。随着我们的合作继续并在我们的系统中建立良好的记录，我们愿意考虑将30天信用证选项用于未来的交易中。

针对客户想要欠款的情况，我们该如何委婉拒绝：

In consideration of a mutually beneficial collaboration, we hope for reaching a consensus on payment terms that work for both parties. Considering it is our first cooperation, we suggest maintaining an immediate payment method to ensure a smooth and efficient transaction.

We sincerely look forward to establishing a long-term and solid partnership with you. In our future collaborations, we will explore payment terms that better suit both parties. If you have any concerns or would like to further discuss this matter, please feel free to contact us.

Once again, thank you for your understanding and support!

译文：考虑到双方互利合作的前提，我们希望就付款条件达成共识，以满足双方的需求。鉴于这是我们的首次合作，我们建议维持即时付款方式，以确保交易的顺利和高效。

我们真诚期待与你建立长期稳固的合作伙伴关系。在未来的合作中，我们将探索更适合双方的付款条件。如果你有任何疑虑或希望进一步讨论此事，请随时与我们联系。

再次感谢你的理解和支持！

4.5 如何无风险使用信用证

信用证理论上是对买卖双方都比较安全的一种付款方式，但是实际上也存在一定的风险，主要是有些国家的卖家和开证行勾结，所以做信用证也需要小心谨慎。

在信用证付款的方式下，开证行负有第一性的付款责任，因此，开证行的信用度和偿付能力就成为关键性的因素。为了规避这类风险，在同意客户提出的信用证付款之前，我们需要先让客户提供开证行信息，以便提前查询开证行的资信，也可以通过投保出口信用险来降低风险，并要时刻关注进口商所在国家的政治、经济和法律等的变化。

在开证行确认后，客户开出信用证之前，务必让客户发 L/C 草稿件进行确认，删除一些多余的要求，同时注意信用证的有效期，确保产品能在有效期到期日之前开船，注意是开船，不是发货。我们发货的时间可以自己控制，但是开船的时间是不好控制的，一般建议在自己完成货物时间的基础上，延迟 1~2 个星期。

1. 信用证的分类

在实际操作中，按照结算方式信用证通常可分为以下几类。

即期付款信用证（L/C at sight）：即在开证行收到受益人提交的信用证所要求的所有单证后，便执行付款，这种方式对受益人最为有利。

延期付款信用证（Deferred L/C）：如 L/C 35 days，即开证行需要在收到受益人提交的信用证所要求的所有单证后的 35 天内付款。

承兑信用证（Acceptance L/C）：承兑受益人开出的汇票并在汇票到期日付款。

按照银行的责任信用证通常可分为以下两类：

可撤销信用证（Revocable L/C）：指开证行在开证之后，无须事先征得受益人同意就有权修改条款或者撤销的信用证。这种信用证对受益人来说是缺乏保障的。

不可撤销信用证（Irrevocable L/C）：指未经开证行、保兑行（如果有的话）及受益人同意，既不能修改，也不能撤销的信用证。这种信用证对受益人来说是比较可靠的。

2. 信用证付款的流程

通过信用证付款的大概流程，如图 4-3 所示：

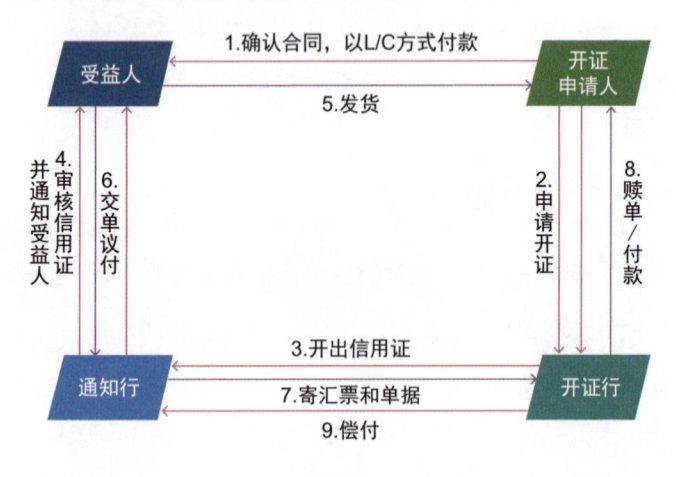

图 4-3

3. 信用证的一些重要条款

信用证的一些重要条款如下：

```
MT710
SENDER:
CITIUS33
RECEIVER:
PCBCCNBJZJW
L/C ARRIVAL DATE :10 JUNE 2015
27:  SEQUENCE OF TOTAL
     1/2
40B: FORM OF DOCUMENTARY CR
     IRREVOCABLE
     ADDING OUR CONFIRMATION
20:  SENDER'S REFERENCE
     47025683
21:  DOCUMENTARY CR NUMBER
     FCMB15LC00518
31C: DATE OF ISSUE
     150528
```

40B:FORM OF DOCUMENTARY CR：信用证的种类。

21:DOCUMENTARY CR NUMBER：信用证号码，此号码可能出现在多个单据中。

31C: DATE OF ISSUE：开证日期。

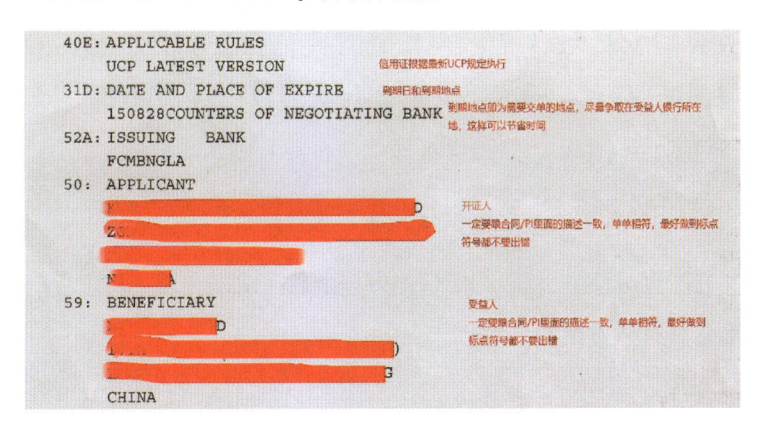

```
40E: APPLICABLE RULES
     UCP LATEST VERSION               信用证根据最新UCP规定执行
31D: DATE AND PLACE OF EXPIRE         到期日和到期地点
     150828COUNTERS OF NEGOTIATING BANK  到期地点即为要交单的地点，尽量争取在受益人银行所在
                                         地，这样可以节省时间
52A: ISSUING     BANK
     FCMBNGLA
50:  APPLICANT                        开证人
     ██████████████████               一定要根据合同/PI里面的描述一致，单单相符，最好强到标点
     ██████████████████               符号都不要出错
     ██████████████████
59:  BENEFICIARY                      受益人
     ██████████████████               一定要根据合同/PI里面的描述一致，单单相符，最好做到
     ██████████████████               标点符号不要出错
     CHINA
```

40E: APPLICABLE RULES：信用证根据什么规定执行。

31D: DATE AND PLACE OF EXPIRE：信用证到期日和到期地点。

50: APPLICANT：开证人。

59: BENEFICIARY：受益人。

```
32B: CURRENCY CODE,AMOUNT
     USD250000,00
39B: MAXIMUM CREDIT AMOUNT
     NOT EXCEEDING
41A: AVAILABLE WITH..BY
     CITIUS33              如果做背对背信用证,则必须是BY NEGOTIATION
     BY PAYMENT            如果做信用证付款,则BY PAYMENT就可以
42C: DRAFTS AT
     SIGHT                 描述信用证付款时间
42A: DRAWEE                付款银行,通常为开证行
     CITIUS33
43P: PARTIAL SHIPMENT
     ALLOWED               最好争取,以免货数量短缺被视为不符点
                2/7                        OUR REF. 33451110030131
```

41A: AVALLABLE WITH .. BY：信用证指定的有关银行及信用证兑付方式的条款（如果做背对背信用证，则必须是 BY NEGOTIATION；如果做信用证付款，则是 BY PAYMENT）。

42C: DRAFTS AT：描述信用证的付款时间。

42A: DRAWEE：付款银行，通常为开证行。

43P: PARTIAL SHIPMENT：分装条款（最好争取 ALLOWED，以免数量短缺被视为不符点）。

第4章 外贸有效报价这样做，你才有机会获得订单

```
43T: TRANSSHIPMENT        转运情况，实际情况咨询船公司
     ALLOWED
44E: PORT OF LOADING
     ANY SEAPORT IN CHINA
44F: PORT OF DISCHARGE    对装货港和目的港的描述务必提前向船公司/代理咨询
     TINCAN ISLAND SEAPORT, LAGOS, NIGERIA.
44C: LATEST DATE OF SHIPMENT  最迟交货日期，提单日期不得晚于这个日期
     150728
45A: DESCRIPTION OF GOODS  货物描述，所有单据上有关货物的描述必须与这个保持一致
     INDUSTRIAL RAW MATERIALS FOR FOOD: TUMMY TUMMY BRAND AS PER
     PROFORMA INVOICE NO:2015TMLZ1647 DATED 18.03.2015
     CFR - TINCAN ISLAND SEAPORT LAGOS NIGERIA
```

43T: TRANSSHIPMENT：转运。

44F: PORT OF DISCHARGE：卸货港。

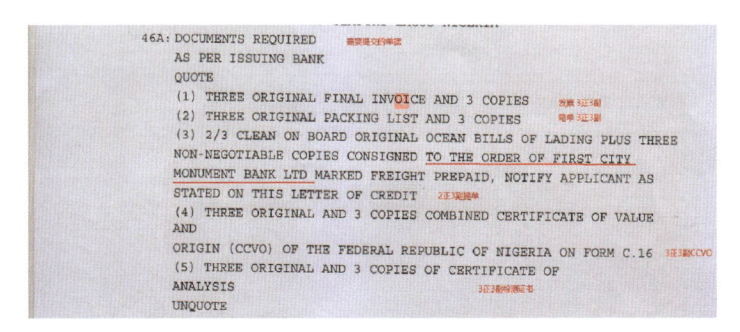

44C: LATEST DATE OF SHIPMENT：最迟交货日期。

45A: DESCRIPTION OF GOODS：货物描述。

```
46A: DOCUMENTS REQUIRED   需要提交的单据
     AS PER ISSUING BANK
     QUOTE
     (1) THREE ORIGINAL FINAL INVOICE AND 3 COPIES   发票3正3副
     (2) THREE ORIGINAL PACKING LIST AND 3 COPIES    箱单3正3副
     (3) 2/3 CLEAN ON BOARD ORIGINAL OCEAN BILLS OF LADING PLUS THREE
     NON-NEGOTIABLE COPIES CONSIGNED TO THE ORDER OF FIRST CITY
     MONUMENT BANK LTD MARKED FREIGHT PREPAID, NOTIFY APPLICANT AS
     STATED ON THIS LETTER OF CREDIT   2/3 提单详单
     (4) THREE ORIGINAL AND 3 COPIES COMBINED CERTIFICATE OF VALUE
     AND
     ORIGIN (CCVO) OF THE FEDERAL REPUBLIC OF NIGERIA ON FORM C.16   3正3副CCVO
     (5) THREE ORIGINAL AND 3 COPIES OF CERTIFICATE OF
     ANALYSIS                                        3正3副检测证书
     UNQUOTE
```

46A: DOCUMENTS REQUIRED：需要提交的单据。

其中，"TO THE ORDER OF"后面必须是开证行，不能是客户名称，否则货权就直接被交给客户了。

"NOTIFY"后面必须是客户名称，否则客户无法清关卸货。

```
47A: ADDITIONAL CONDITIONS
    AS PER ISSUING BANK
    QUOTE
    (1) ALL DOCUMENTS MUST BE WRITTEN IN ENGLISH
    (2) ALL DOCUMENTS MUST BEAR APPLICANT AND BENEFICIARY NAMES AND
    ADDRESS AS STATED IN FIELDS 50 AND 59 RESPECTIVELY
    (3) DOCUMENTS AND SHIPMENT DATE MUST NOT BE PRIOR TO THE
    ISSUANCE DATE OF L/C
    (4) THE CCVO MUST STATE THE DESCRIPTION OF GOODS, PORT OF
    DESTINATION IN NIGERIA (AS STATED IN FIELD 45A), PORT OF
    LOADING, COUNTRY OF ORIGIN AND SUPPLY, DATE OF SHIPMENT, B/L
    NUMBER, VESSEL NAME AND VOYAGE NUMBER
    (5) BENEFICIARY CERTIFICATE SIGNED BY THE AUTHORISED OFFICERS TO
    THE EFFECT THAT 'PRODUCT/CARGOES HAD BEEN DELIVERED IN
    CONFORMITY
    WITH THE TERMS OF THE L/C, THAT ALL NECESSARY DOCUMENTS HAVE
    BEEN FORWARDED TO THE CONSIGNEE AND THAT PAYMENT OF THE INVOICE
    FOR DELIVERY IS PROPERLY DUE TO THEM AND WOULD BE EXCLUSIVELY
    USED
```

```
FOR THE SETTLEMENT OF THE INVOICE
(6) ALL DOCUMENTS MUST INDICATE OUR L/C NUMBER AND APPROVED FORM
M NO.MF20150033183/BA21420150002334. 所有文件必须显示L/C号码与FORM M号码
(7) INSURANCE IS COVERED IN NIGERIA.
(8) ONE SET OF ORIGINAL DOCUMENTS PLUS A COPY EACH SHOULD BE
SENT BY COURIER DIRECTLY TO FIRST CITY MONUMENT BANK LTD, 17A
TINUBU STREET, LAGOS-NIGERIA WITHIN 21 DAYS FROM DATE OF
SHIPMENT AND A CERTIFICATE OF COMPLIANCE SENT TO US THROUGH OUR
CORRESPONDENT BANK. 整套文件需要在开船日期后的21天内直接寄到开证行
(9) A CERTIFICATE FROM THE BENEFICIARY CONFIRMING THAT SHIPMENT
IS PARTIAL/FINAL or IS REQUIRED.
(10) SHOULD DOCUMENTS PRESENTED AGAINST THIS LETTER OF CREDIT BE
DISCREPANT, THE NEGOTIATING BANK SHALL IMMEDIATELY NOTIFY THE
DICREPANCIES TO THE ISSUING BANK UNDER SIMULTANEOUS ADVISE TO
THE PRESENTER.
UNQUOTE
```

47A: ADDITIONAL CONDITIONS：附加条件。

这里的附加条件要仔细核对，内容都是需要被满足的。

第4章 外贸有效报价这样做，你才有机会获得订单

```
       CITYBANK N. A.,C/O IT'S SERVICER, CITICORP NORTH AMERICA,INC.
71B: CHARGES
     ALL OVERSEAS CHARGES ARE FOR
     THE ACCOUNT OF THE BENEFICIARY
48:  PERIOD FOR PRESENTATION          允许交单时间超出发货后的21天，但要在信用证的有效期时间内
     PRESENTATION OF DOCUMENTS MORE
     THAN 21 DAYS AFTER SHIPMENT DATE
     BUT WITHIN L/C VALIDITY IS
     ALLOWED
          5/7                         OUR REF. 33451110030131
```

48：PERIOD FOR PRESENTATION：交单日期。

关于不符点的处罚金，如果在递交单据时发现不符点，那么每一个不符点的处罚金额会在这里显示。

```
PS: A FEE OF USD 150.00 WILL BE CHARGED IF DOCUMENTS THAT
CONTAIN DISCREPANCIES ARE PRESENTED FOR PAYMENT UNDER THIS
LETTER OF CREDIT. THIS FEE WILL BE CHARGED FOR EACH SET OF
DISCREPANT DOCUMENTS PRESENTED FOR PAYMENT. THE DISCREPANCY FEE
WILL BE DEDUCTED FROM REMITTANCES MADE UNDER THIS LETTER OF
CREDIT IF THE LETTER OF CREDIT INDICATES THAT SOME OR ALL
CHARGES ARE THE RESPONSIBILITY OF THE OPENING BANK..
                     不符点扣150美元
FOR PAYMENT UNDER THIS LETTER OF CREDIT, FORWARD DOCUMENTS VIA
COURIER TO:
CITIBANK N.A., C/O IT'S SERVICER, CITICORP NORTH AMERICA, INC.
SORT-3000
ATTN: GLOBAL TRADE LETTER OF CREDIT DEPARTMENT
3800 CITIBANK CENTER, BUILDING B, 3RD FLOOR
TAMPA, FL 33610,USA
```

4. 信用证付款合同

在对信用证的条款有了初步认识之后，就要跟客户确定信用证付款的合同，大家可以参考图4-4所示的案例。

外贸制胜：获客到成交全攻略

```
                    瑞安市戈德汽车零部件有限公司
                    Rui'an Good Auto Parts Co., Ltd
                XXXXXXXXXXXXXX, Anyang Town, Ruian, Zhejiang Pro, China.
                    Tel:0577-XXXXXXXXX  Fax:0577-XXXXXXXX
```

售货合约
SALE CONTRACT

The Buyers:			合约编号：MY22011
			S/C No.
			日期：
			Date: DEC.06,2021

买卖双方同意按下列条款由买方购进卖方售出下列商品：
The buyer agree to buy and the seller agree to sell the following goods on terms and condition setfouth below:

(1)唛头	(2) 品名及规格 Names of Commodity And Specification	(3)数量 Quantity	(4)单价 Unit Price	(5)金额 Amount
			FOB NINGBO	
N/M	SJFM-1300A EXTRUSION COATING LAMINATION MACHINE WITH STANDRAD ACCESSORIES	1	$53,200.00	$53,200.00
	FQJ-1300A SLITTING MACHINE WITH STANDRAD ACCESSORIES	1	$12,000.00	$12,000.00
			(6)总金额 Total amount	$65,200.00

(7)付款方式：L/C,100% PAY AGAINST irrevocable L/C
PAYMENT

图 4-4

4.6 总结

在外贸行业中，报价是日常工作中不可或缺的环节，每次报价都代表着一次商机，一次潜在的合作机会。当我们与客户交流时，总是心存希望，希望能够获得订单，实现合作。即使客户没有下单，我们也不要失望，要深知坚韧与豁达在报价过程中的重要性。

坚韧，是指在报价中我们所要坚持的态度。我们要明白，报价并非一蹴而就的事情，需要反复商讨和沟通。有时客户会有疑虑，

第 4 章　外贸有效报价这样做，你才有机会获得订单

需要进一步了解产品、价格和服务。在这个过程中，我们不能轻易放弃，而是要耐心地解答客户的问题，提供更多的信息和支持。即使遇到困难和挑战，我们也要坚持下去，不断优化报价方案，以满足客户的需求。我们要坚信，只要坚持不懈，细心谨慎，最终客户就会认可我们的专业和诚意。

豁达，是指在报价后客户未下单时我们所要保持的心态。虽然每次报价都代表着一次商机，但并不是每一次都能成功。客户可能会因为各种原因选择与其他合作伙伴合作，这是正常的市场现象。面对客户未下单的情况，我们不能沮丧或失望，而是豁达地接受这个事实。我们要明白，在外贸领域中成功和失败都是常态，而从失败中汲取经验和教训才是最重要的。所以，我们要及时总结经验，找出不足之处，并做出改进。

在心存希望的同时，我们也要知道报价是一个不断学习和成长的过程。通过与客户的交流和沟通，我们了解到他们的需求和期望，也更加了解市场的变化和竞争。这些宝贵的经验都会让我们不断提升自己，拓宽业务范围，逐渐成为更优秀的外贸人才。

第 5 章

你不可不知的洽谈话术

第 5 章　你不可不知的洽谈话术

讨价还价环节是外贸业务中不可或缺的一部分，也是考验我们心理路程的时刻。在这个过程中，我们会经历各种情绪的波动，从紧张和焦虑到坚定和冷静，再到满足和具有成就感，每一次讨价还价都会让我们获得成长和收获。有些人厌恶讨价还价，而有些人则非常喜欢这个环节，其实你具有什么心态就决定了会有什么结果。我们要学习讨价还价的方法和技巧，更重要的是要掌握心法。如果你是以厌恶的心情去跟客户讨价还价，则大概率是失败的；如果你是以欣喜的心情去跟客户讨价还价，则成功率是极高的。

讨价还价不是对抗，而是交流和合作中的一个过程。每一次讨价还价的经历都是一次宝贵的经验，都会让我们在以后的工作中变得更加成熟和坚韧。

5.1 常用的讨价还价例句

常用的讨价还价例句如下，供参考。

1. I have applied a most special discount for you.

译文：我已经为你申请了一个非常特别的折扣。

2. You have received the best discount so far. Please keep it as a secret for us, otherwise we will be in trouble.

译文：你得到了目前最好的折扣。请为我们保守秘密，否则我们会有麻烦的。

3. We treasure you much as a very valuable customer, and we will certainly make our best efforts to keep you satisfied. Regarding the price, I will consult our General Manager and give you the best prices.

译文：你是我们重视的贵宾客户，我们一定会尽最大努力让你满意。关于价格，我会咨询我们的总经理，并给你最好的价格。

4. Our Manager knows you are a very important customer, and agrees to give you 5% special discount. you are the only one receiving this special discount.

译文：我们总经理知道你是非常重要的客户，并同意给你5%的特别折扣。你是唯一一个得到这个特殊折扣的人。

5. I sincerely hope that we will have a very successful cooperation soon. Please be sure 5% is really the best discount we can give. As you know, recently the cost in China has grown up much, as XXX material has grown up 30%, labour cost increase 30% every year, plus the exchange rate. Though cost went up much, we have kept our price stable for our customers for years. It is very likely that we will have to adjust our price early next year.

译文：我真诚地希望我们很快会有一次非常成功的合作。请相信5%确实是我们能给的最佳折扣。你知道，最近中国的成本增加了很多，因为在加上汇率的情况下，×××材料成本增长了30%，劳动力成本每年增长30%。虽然成本上涨了很多，但我们多年来一直为客户保持稳定价格，很可能明年年初我们就得调整价格了。

第 5 章　你不可不知的洽谈话术

6. We can accept your price if you can increase the quantity to 50,000 pcs. Because the fee of the mold is very expensive.

译文：如果你能把数量增加到 50,000 件，我们可以接受你的价格，因为模具的费用很昂贵。

7. The price we offered you is the best based on your quantity. Because as I told you that the fee of the mold is quite expensive. However, in order to secure your order, I have a good idea for you. You show me your annual purchasing plan，I help you to negotiate with our boss.

译文：根据你们的数量，我们提供的价格是最优惠的。因为我告诉过你，模具的费用相当昂贵。但是，为了确保你的订单，我有一个好主意。你提供一下你的年度采购计划，我帮你和老板谈判。

8. We have many customers in your market. We know the price for this market is very low. In order to support you, we quoted the best price. I can show our cost list below:

译文：在你们的市场中我们有很多客户。我们知道这个市场的价格很低。为了支持你，我们报了最优惠的价格。我可以在下面列出我们的成本清单。

9. As you see in the form, the only way to meet your target price is that we change our materials. If you have profit, I suggest that you do not choose the lower price in case you will destroy your reputation in terms of quality.

译文：正如你在表格中看到的，满足你的目标价格的唯一方法是我们更换材料。如果你有利润，我建议你不要选择较低的价格，以免你在质量上破坏你的声誉。

10. The price we offer you is the best, we can't do better.

译文：我们给你报的价格已经是最优惠的了，不能再降了。

11. What we are offering you is a competitive price, we believe it's the best offer we can provide.

译文：我们给你们的价格是非常合适的了，我们认为这是我们能给出的最优惠的报价了。

12. This is our rock bottom price, we can't make any concessions.

译文：这已经是我们的最低价了，我们不能再让步了。

13. You could always find much lower price from some suppliers. No matter how low it is, there will be some suppliers offer to you.

译文：你肯定能找到更低的价格。不管多低，都有供应商给你供货。

14. Low prices always accompany with high risk, maybe quality, quantity or reputation.

译文：低价总是伴随着高风险，有可能在质量、数量或声誉方面有问题。

15. 6% is too much, the best way we can do is to make a concession by reducing the rate to 2% at most.

译文：6%太多了，我们能做出的最大让步就是将折扣最多降低到2%。

5.2 讨价还价中的小技巧

案例一：

当客户说：Your price is so high.

小技巧：让客户亮出自己的目标价。讨价还价就像打牌，谁先亮出自己的底牌，对方赢的机会就会更大。

你可以这样回复：To be honest, our price is already the best. However, you can provide us your target price, I'll consider if we can do or not. I'll try my best to get a bottom price for you.

译文：坦诚地说，我们的价格已经是最优的了。但是，你可以给我们提供你的目标价格，我会考虑我们是否可以接受。我会尽力为你争取到最低价格。

案例二：

如果报价为10美元，而客户想还价为9美元。

小技巧：一般情况下，这样的客户已经是我们的"囊中之物"了，我们要争取获得利润最大化。

接受目标价的话术：Good day! We have accepted your offer on the proposed terms. Enclosed you will find a special price list and we believe that you will meet your price expectations. Please note that the recent increase in raw material costs has had an unfavorable impact on the cost of this product.

Nevertheless, we have maintained a lower price for your order.

译文：你好！我们已经接受了你提供的拟议条款。附上的特殊价格清单，我们相信会符合你对价格的期望。需要注意的是，最近原材料成本的上涨对该产品的成本产生了不利影响。

然而，针对你的订单，我们一直保持较低的价格。

不接受目标价的话术：I hope this message finds you well. We regret to inform you that we are unable to meet your terms. We would like to bring to your attention that the current market conditions have left us with little to no room for profit margins. Therefore, we kindly request a better price for any future orders. Currently, the best discount offered for a quantity of 2000 is 5%. Our present situation limits our ability to negotiate further. We appreciate your understanding and hope that you will reconsider your offer.

译文：展信好。很遗憾，我们无法满足你的条件。我们想沟通的是，当下市场环境让我们几乎没有任何利润空间。因此，我们诚恳地请求未来订单能够获得更好的价格。目前，数量为2000的最佳折扣为5%。我们目前的处境让我们几乎没有讨价还价的余地。我们感谢你的理解，希望你能重新考虑你们的报价。

第 5 章　你不可不知的洽谈话术

案例三：

如果报价为 50 美元，而目标价是 26 美元，成本为 5 美元（本来不想做，随便报的价，既然利润不错，那就接受，但得给客人一个台阶）。

The price we offered you is the best based on your quantity. As I mentioned before, the fee of the mold is quite expensive. However, in order to secure your order, I have a good idea. If you show me your annual purchasing plan, I can help you negotiate with our boss.

译文：根据你们的数量，我们提供给你们的价格是最好的。就像我之前提到的，模具的费用相当昂贵。但是，为了争取你的订单，我有一个好主意。告诉我你的年度采购计划，我帮你和老板谈判。

案例四：

如果别的工厂的报价更低，但是我们的利润已在 10% 以下，这时可以这样回复。

We have many customers in your market, and we understand that the prices in this market are very competitive. In order to support you, we are offering the best price. Allow me to provide our cost list below:

译文：在你的市场中我们有许多客户，我们知道该市场的价格非常低。为了支持你，我们给出了最优惠的报价。我可以在下面展示我们的成本清单：

然后附上成本清单。

As you can see on the form, the only way to meet your terms is by changing materials to reach your price. However, if you have a profit margin, it is not advisable to choose the lower price as it may damage your reputation.

译文：正如你在表格中所看到的，满足你的条件的唯一方法是通过更换材料来达到你的价格要求。然而，如果你有利润空间，不建议选择较低的价格，因为这可能会损害你的声誉。

案例五：客户砍价到"腰"。

I hope you are doing well. We regret that we can't meet your terms. With reference to your target price, we believe we are not discussing the same product, perhaps different in quality or specifications. Based on our experience, this frequently happens when there is a significant price gap.

To ensure you receive the correct price, it would be better if you could send us your samples. We believe this is the best and most effective way to avoid any possible mistakes or misunderstandings.

译文：希望你一切都好。我们很遗憾无法满足你的要求。就你所提出的目标价格而言，我们认为我们讨论的可能不是同一种产品，可能在质量或规格上有所不同。根据我们的经验，当价格差距较大时，经常会发生这种情况。

为了确保你得到正确的价格，最好你能寄送样品给我们。我们认为这是避免出现任何可能的错误或误解的最佳和最有效的方式。

第 5 章　你不可不知的洽谈话术

案例六：以退为进的情况。

I hope you are doing well. We regret that we can't meet your terms. Based on our quality standards, our profit margin is already very low. If we were to cut it by 10%, we wouldn't be able to maintain a reasonable profit, and our financial department would reject the order as it would be meaningless to accept it. It would only tire our workers and occupy our production capacity. If we were to force ourselves to accept this order, we might have to compromise on quality to balance our costs. Therefore, we kindly ask for your understanding, and we hope to work with you on future orders.

Appreciate your support.

译文：希望你一切都好。我们很遗憾无法满足你的要求。根据我们的质量标准，我们的利润率已经非常低了。如果我们削减10%的利润，将无法保持合理的利润，我们的财务部门将拒绝接受该订单，因为这毫无意义。这只会让我们的工人疲惫不堪并占用生产能力。如果我们强迫自己接受此订单，我们可能不得不在品质上妥协以平衡成本。因此，我们恳请你的理解，并希望能与你在未来的订单中合作。

感谢你的支持。

案例七：对话式价格谈判。

Mike: I'm sorry, we cannot accept the price you have offered for the brake pads. It is too expensive.

迈克：很抱歉，我们无法接受你们对刹车片提出的价格，太贵了。

Mia: I understand your concerns, Mike. Let's take a moment to discuss the pricing in detail. Our price is competitive in the market, and we've carefully considered factors such as production costs, quality, and market demand.

米亚：我理解你的顾虑，迈克。我们来仔细讨论一下价格问题。我们的价格在市场上是有竞争力的，并且我们已经认真考虑了诸如生产成本、质量和市场需求等因素。

Mike: While I appreciate the quality of your products, I still find the price higher than what we expected. Our goal is to maintain a competitive edge in the market, and we have received more competitive offers from other suppliers.

迈克：虽然我很认可你们产品的质量，但我仍然觉得价格比我们预期的要高。我们的目标是在市场上保持竞争优势，而且我们已经收到了其他供应商提供的更有竞争力的报价。

Mia: I understand your need for competitiveness, Mike. Let's explore ways to find a win-win solution. Perhaps we can adjust the pricing based on the order quantity or consider a volume-based discount to accommodate your requirements.

米亚：我理解你对竞争性的需求，迈克。我们可以探讨一下找到双赢解决方案的方法。也许我们可以根据订单数量调整价格，或考虑根据采购量提供折扣，以满足你的需求。

Mike: That sounds reasonable. We are willing to place a substantial order for the brake pads, and we hope to establish a long-term partnership with your company. Can you provide us with a detailed breakdown of the pricing based on different order quantities?

迈克：这听起来很合理。我们愿意大量订购刹车片，并希望与贵公司建立长期的合作关系。你能否提供不同订购数量下的价格明细？

Mia: Of course, Mike. I will prepare a comprehensive pricing proposal for various order quantities and send it to you within the next hour. Additionally, we value your business, and as a gesture of goodwill, we can offer you a special one-time introductory discount.

米亚：当然，迈克。我会根据不同的订购数量准备一份全面的价格方案，并在一个小时内发送给你。此外，我们非常重视你的业务，为表示友好，我们可以为你提供一次特别的试销折扣。

Mike: Thank you, Mia. We appreciate your willingness to work with us. Your prompt response and flexibility in pricing are commendable. We look forward to reviewing the proposal and continuing our negotiations.

迈克：谢谢你，米亚。我们感谢你的合作意愿。你们快速的回复和在价格上的灵活性值得称赞。我们期待着审阅方案并继续洽谈。

Mia: It's my pleasure, Mike. We believe that open communication and mutual understanding are essential in achieving a successful partnership. Please feel free to reach out if you have any further questions or requests.

米亚：我很荣幸，迈克。我们相信在实现成功的合作伙伴关系中，开放的沟通和相互理解是至关重要的。如果你有任何进一步的问题或要求，请随时联系我。

5.3 总结

在商业交易中，讨价还价是一种常态，也是一种策略，但在这个过程中，我们的态度和方法至关重要。

首先，无论对方是否是我们的目标客户，我们都应该保持耐心和尊重。不论客户大小，每一个都值得我们尊重。他们的预算、需求和期望都有其合理性。而作为销售人员，我们要理解他们，不要对他们产生不耐烦或不满。

其次，友善的态度不仅能够为我们赢得客户的信任和尊重，还能够为我们创造更多的机会。当我们与客户建立起良好的关系时，即使这次交易没有达成，未来仍有合作的机会。

最后，讨价还价不仅是双方关于价格的沟通，还是为双方创造价值的机会。因此，我们应该努力争取自己的最大利益，同时也要考虑到对方的需求和预算。

总之，讨价还价是一门艺术，需要我们保持耐心和尊重，并利用一定的策略来进行。只有这样，我们才能在商业交易中获得更大的成功。

第 6 章

样品这样寄，才能让客户记住你

在广阔的贸易舞台上，样品往往扮演着"静默的推销员"的角色。它不仅是一个物理产品，还是供应商对其产品质量和性能的承诺，以及对潜在客户的尊重和信任的体现。

想象一下，当买家听说一种新产品或一个新供应商时，他们首先会基于所听到的信息和看到的图片对产品或供应商产生初步的印象。然而，这种印象可能是模糊的、不完整的，甚至有时候可能是带有误解的。此时，样品的出现就如同一把"金钥匙"，为买家打开了一个真实、直观的产品世界。他们可以亲自感受产品的材质、工艺，体验产品的功能，从而更准确地判断产品是否符合他们的期望和需求。

同时，寄送样品也反映了供应商的自信和透明度。它传达了一种信息：供应商相信他们的产品，并愿意让潜在客户对其进行全方位的检验。这种自信和开放性不仅能增强买家的信心，还能为双方建立一种坦诚、互信的商业关系。

此外，样品还能为供应商提供一个收集反馈意见的机会。买家可能会基于样品提出一些建议或修改要求，这对产品的改进和市场定位是非常宝贵的。

总之，样品在贸易中的重要性不容忽视。它是建立关系、增强信任、促进交易的桥梁，也是商业成功的关键一步。

那么，寄送样品需要注意哪些细节呢？

6.1 寄送样品的收费问题和注意细节

6.1.1 寄送样品要不要收费

样品是否收费是在贸易中经常遇到的一个问题，其决策取决于多种因素。

考量点：

（1）成本问题：制作和寄送样品可能涉及相当大的费用，尤其对于高价值的产品。

（2）客户关系：提供免费样品可能有助于建立和加强与潜在客户的关系。

（3）行业标准：某些行业的习惯或标准可能是提供免费样品，而其他行业可能常常需要收费。

（4）样品的复杂性：对于定制的或技术性较高的产品，提供样品可能涉及额外的研发和生产成本。

收费的有利点：

覆盖成本：确保公司不会因提供样品而产生经济损失。

筛选买家：收费可以确保只有真正对产品感兴趣的买家才会请求样品。

防止滥用：避免某些买家反复索取样品，但从不下单。

免费的有利点：

吸引更多潜在客户：免费样品可以吸引更多的潜在客户，尤其那些在预算上有限制的客户。

强化客户关系：向潜在客户展示公司的诚意和对产品的自信。

增加销售机会：更多的人尝试使用样品意味着更多的销售机会。

结论：

是否对样品收费没有固定的答案，这取决于公司的策略、成本结构和目标市场。有时，混合策略可能是最有效的，例如为初次请求的买家提供免费样品，但对进一步提供的样品或大量样品收费；或者为样品收费，但在后续的订单中扣减相应的金额。不论选择哪种策略，关键是确保策略与公司的总体目标和市场策略保持一致。

样品免费的邮件案例：

Firstly, thank you for showing interest in our brake pads. We're pleased to inform you that we are willing to provide a sample of our brake pads for free to facilitate your assessment.

Please provide us with your company's freight collect account number so we can promptly arrange the sample for you.

Please provide us with your detailed shipping address and any specific requirements you might have for the sample.

We trust you'll understand and appreciate our decision, and we hope you'll continue to keen on following our progress with our brake pads. We're confident that once you've had a chance to test our sample,

第 6 章　样品这样寄，才能让客户记住你

you'll find its performance and quality unparalleled.

Should you have any questions or need further clarification, please feel free to reach out. We're eager to establish a long-lasting and mutually beneficial collaboration with you.

Thank you once again for your understanding and support.

译文：首先，感谢你对我们刹车片的关注。我们很高兴地告知你，我们愿意免费提供刹车片样品，方便你进行评估。

请给我们提供你们公司的运费到付账号，以便我们尽快给你们安排样品。

请提供你的详细邮寄地址和你关于样品的任何特殊要求。

我们相信你会理解和支持我们的决定，也希望你继续关注我们的刹车片。我们相信，一旦你有机会试用了我们的样品，你会发现它的性能和质量是无与伦比的。

如果你有任何疑问或需要进一步的解释，请随时与我们联系。我们期待与你建立长久且互利的合作关系。

再次感谢你的理解与支持。

样品收费的邮件案例：

Thank you for showing interest in our electronic fans. Given the high value and quality of our products, we usually charge for our samples to cover the associated costs. However, to demonstrate our commitment to a potential long-term partnership with you, any costs paid for the sample will be deducted from your subsequent bulk order.

Here's a breakdown:

1.You would be charged for the electronic fan sample initially.

2.Once you place a larger order with us, the amount you paid for the sample will be deducted from your total invoice.

This way, while we charged the initial sample costs, you will essentially receive the sample for free if you proceed with a larger order.

Could you please let us know your thoughts on this arrangement? Thank you for your understanding, and we look forward to building a fruitful collaboration.

译文：感谢你对我们电子扇的关注。考虑到我们产品的高价值和高质量，我们通常会对样品收费以覆盖相关成本。然而，为了展示我们与你建立长期合作关系的诚意，样品的费用将从你后续的大宗订单中扣除。

具体安排如下：

1. 一开始你需要支付电子扇样品的费用。

2. 一旦你向我们订购大宗商品，你支付的样品费用将从你的总发票中扣除。

这样，虽然我们收取了最初的样品费用，但如果你继续进行大宗订单，实际上你将免费获得样品。

请告知你对此安排的想法。感谢你的理解，期待建立富有成效的合作。

6.1.2　寄送样品需要注意哪些细节

寄送样品不仅能展示公司产品的品质，还能体现业务员的工作态度和专业度。在寄送样品时，除了产品本身，要附带公司的产品目录，以深入展示我们的产品线和专业精神。另外，还要附带名片，确保客户在需要时能随时与我们取得联系。为了证明产品的优越性，还要包括产品的测试报告。此外，也要提供公司常用的包装盒，这能让客户更直观地了解产品的完整外观。

考虑到客户的实际需求，如果样品的货值不高，我们就要增加寄送的数量。这样，客户不仅可以保留一份样品，还可以将其分享给其他重要客户或合作伙伴，进一步扩大我们产品的影响范围。

总之，我们希望通过这种全方位的样品寄送方式，让客户真正感受到我们对业务的投入和对客户的尊重。

当给国外客户寄送样品时，需要确保样品的运输和接收过程既要符合相关国家的法规，又能为客户提供所有必要的信息。以下是在寄送样品时通常需要附带的东西。

（1）样品本身：确保样品完好无损，可能需要使用气泡袋、泡沫或其他保护材料进行包装。当然，寄出去的样品质量要有保障，尽量多寄几个。

（2）测试报告：如果公司有产品的相关测试报告，务必一起寄给客户，给客户一个通过数据直接了解产品的机会。当然，你也可以发电子版，个人更建议使用纸质盖章的。

（3）纸质目录和名片。虽然现在电子目录非常方便，但是绝大部分客户还是喜欢翻阅纸质目录。另外，由于客户每天都收到大量的样品，放上名片能让客户在打开包裹时，一目了然，清楚是哪个公司的样品。

（4）包装盒。包装盒在一定程度上也是产品销售的"杀手锏"。因为客户第一眼看到的是包装盒，而不是产品本身，所以非常有必要给客户看看公司产品的包装盒，所有款式尽量都能发过去，让客户做选择。

（5）礼品。可以附送一些具有中国特色的小礼品，任何人都无法抗拒礼物。

另外，可以附带一封信，内容要简单明了，你可以这样写：

Greetings!

I'm deeply grateful for the opportunity you've given us by allowing us to send our product samples to you. It's a valuable beginning for us, and we hope that these pieces will meet both your and your clients' expectations.

I am pleased to inform you that we have dispatched a package containing 5 selected product samples. You are welcome to keep one for yourself, to have a closer experience of our quality and design. The remaining four are intended for sharing with your clients, giving them a chance to experience our offerings as well.

Moreover, for your future reference, we have included a product catalog in the package. Also, you will find a selection of our commonly used packaging box styles for your choosing.

As a token of our goodwill, we've also enclosed a small gift within the package. Whether or not we proceed with an order, we hope that this gesture will mark the start of a valuable friendship.

Should you have any questions or require further information, please contact us without hesitation. We look forward to your valuable feedback!

With sincere thanks!

译文:

你好!

感谢你给予我们的机会,允许我们向你发送产品样品。这对我们来说是一个宝贵的开始,我们希望这些样品能满足你和你的客户的期望。

我很高兴地通知你,我们已经发出了一个包裹,里面包含5个精选的产品样品。你可以自行保留一个,亲身体验产品的质量和设计。剩下的4个样品可与你的客户共享,让他们也有机会体验我们的产品。

此外,为了让你日后方便参考,我们在包裹中还附上了产品目录。另外,你还会看到一些我们常用的包装盒款式,供你选择。

为表示我们的诚意，我们还在包裹中附上了一份小礼物。无论最终是否有订单产生，我们希望这个举动能开启一段宝贵的友谊。

如果你有任何问题或需要进一步的了解，请随时与我们联系。我们期待你宝贵的反馈！

谨此表示诚挚的感谢！

6.2 如何制作高质量的样品跟踪单

寄出的每一件样品，背后都代表了公司的投入与期望。样品的确需要资金投入，这笔资金不仅包括材料和生产的成本，还包括研发、品控及物流的费用。因此，每当我们寄出一件样品时，背后都蕴含了一种更深层次的意图：希望能够通过这个小小的投资，换取一个大订单作为回报。

然而，仅仅寄出样品并不等同于业务的成功，寄出样品只是销售过程中的一个环节，要想让这一投资带来预期的回报，对样品进行跟踪尤为关键。一张合理、详尽的样品跟踪单可以确保我们不会错失任何一个可能的商机。它不仅可以帮助我们记录客户的反馈，还可以让我们及时了解样品的状态，如是否已被客户接收、测试或评估等。

更重要的是，一个良好的跟踪系统可以加强我们与客户之间的沟通，使我们能够更好地理解客户的需求和预期，进而为客户提供更为精准的解决方案。这不仅能提高转化率，还能加深客户对我们的信任和提升客户对我们的满意度。

图 6-1 所示为样品跟踪单的一种样式，供参考。

样品跟踪单

序号	客户	产品	数量	单价	总价	地址	快递单号	跟踪
1	Alex	D510	5	20	100	XXXXX	XXXXX	3/1 客户签收，说明天开始测试 3/2 样品开始测试，测试周期为一个月 4/2 样品测试OK，预计2个月后下单 6/2 客户确认订单
2	Amer	D511	5	30	150	XXXXX	XXXXX	5/1 客户签收，开始测试，为期一周 5/8 测试不过关，客户已发测试报告
3								
4								
5								
6								
7								
8								
9								
10								

图 6-1

6.3 如何对样品进行邮件跟踪

发出样品不是结束，而是开始。及时对样品进行跟踪不仅是对我们自身工作的完善，还是对客户的尊重和关心的体现。这样细心和专业的服务，无疑会为公司带来更多的机会和成功。

样品发出后的邮件跟踪，示例如下：

Dear Mike,

I hope this E-mail finds you well.

I am writing to confirm whether you have received the samples we sent and to kindly inquire about your initial feedback on them.

Your insights and suggestions are of utmost importance to us, as they assist in our continuous product and service improvement. Should you have any questions or require further information, please do let me know. I am here to assist.

We are looking forward to hearing from you and thank you for providing valuable feedback.

Best regards.

译文：

尊敬的迈克，

我希望你收到此邮件时一切都好。

我写邮件是想确认你是否已经收到我们寄送的样品，并希望了解你对它们的初步反馈。

你的意见和建议对我们非常重要，因为这有助于我们不断改进产品和服务。如果你有任何疑问或需要进一步的信息，请随时告诉我，我会尽力提供帮助。

我们期待你的回复，并感谢你提供宝贵的反馈。

致以最真挚的问候。

第6章 样品这样寄，才能让客户记住你

大家可以参考以上邮件写很多类似的跟踪邮件，多发几次，但是如果客户一直不回复邮件，也不回复信息怎么办？那就直接打电话问问情况，你可以按照以下的建议进行沟通：

1. 打招呼并自我介绍

Hello! this is Mia from [Company Name]. May I speak with Alex?

译文：你好！我是米亚，来自[公司名]。请问亚历克斯在吗？

2. 确认样品的收到情况

I'm calling to check if you have received the samples we sent to you?

译文：我打电话来是想确认你是否收到了我们寄给你的样品？

3. 询问客户对样品的初步印象

How do you find our samples? Do you have any initial feedback or questions?

译文：你觉得我们的样品怎么样？你有任何初步的反馈或问题吗？

4. 提供帮助

If you encounter any issues with the samples or need more information, please let me know. I'm here to assist.

译文：如果你在样品方面有任何问题或需要更多信息，请告诉我，我会尽力帮助你。

5. 强调与客户的合作意愿

We are keen on collaborating with you. If you have any requirements or suggestions, feel free to communicate with me.

译文：我们非常希望与你合作。如果你有任何需求或建议，请随时与我沟通。

6. 结束电话

Thank you again for your time. We look forward to your feedback. Have a great day!

译文：再次感谢你的时间。我们期待你的反馈。祝你度过美好的一天！

6.4 总结

在商业世界中，与客户的每一次互动都是展示公司产品和精神的机会，邮寄样品尤其如此，这不仅是对产品的展示，还是对企业整体形象、服务质量和专业度的展现。

当我们寄出样品时，实际上是在向客户传递一种信息：我们重视每一次的合作机会，我们为客户提供的产品或服务是高质量的，我们愿意为客户的满意而努力。

第6章　样品这样寄，才能让客户记住你

订单的确认是每次寄出样品所期待的结果，即使在没有订单的情况下，我们的目标仍然应该是给客户留下深刻的印象，当他们考虑相关产品或服务时，我们公司是值得信赖和考虑的伙伴。

每当准备寄出样品时，我们应该提醒自己：这是展示我们公司的一个宝贵机会，不管最后的结果如何，我们的努力和专业度都将被看到，被记住。因此，对于每一次寄送样品的机会，我们都应该全力以赴，尽最大的努力。这样即使不能立即得到订单，也可以确保客户记住我们的品牌，记住我们的专业和服务。当机会再次来临时，这种深刻的印象可能会转化为实实在在的业务机会。

最后，我们应该记住，每一次的失败都是成功的基础。如果我们每次都能从中得到学习，不气馁，持续改进，那么每一次寄送样品的机会，都会为我们积累宝贵的经验和帮助我们与客户建立深厚的关系。

第 7 章

订单"尘埃落定"

第 7 章　订单"尘埃落定"

在商业的长河中，一笔笔订单就像一颗颗石子，汇集成让企业走向成功的一条条大路。每一次"订单终于确认"的消息，不仅是一次交易的成功，还是我们的努力、专业和承诺带来的回报。

从初次接触客户，到提交方案，再到样品的寄送与反馈，每一步都充满了变数和挑战。每一次与客户的沟通都是在为理解和满足他们的需求而努力。而当这一切汇集到一起，最终转化为确认的订单，那种成就感是难以言表的。

这背后更多的是一段关系的建立和巩固。商业活动不仅仅是指买卖，还包括基于互信和合作的关系。每一笔订单的确认，都意味着客户对我们的信任，对我们产品和服务的认可。这份信任是无价的，它将成为我们未来合作的坚实基石。

随着订单的确认，我们的责任也随之而来。现在是为客户提供更加优质的服务，确保订单的每一个细节都得到完美执行的时候，因为成功的订单不是结束，而是一个新的开始，是为未来更多的合作铺设道路。

在确认订单的欣喜中，我们不应忘记在这个过程中给予我们支持的团队成员、合作伙伴，以及选择信任我们的客户，因为他们让每一次"订单终于确认"的消息变得如此甜美与特别。

订单一旦确认，我们需要给客户一份合同，合同确认后，催要客户订金，订单就此尘埃落定。那么，写合同需要注意哪些细节呢？

7.1 合同条款要了然于胸

外贸业务中大部分的合同都以 PI（Proforma Invoice，形式发票）的形式签订，图 7-1 是我们公司 PI 的模板，供大家参考。不同公司都有自己固定的 PI 格式，这个没有官方规定，按照自己的实际情况去规定即可。

图 7-1

针对图中的项目有如下说明：

（1）"TO"的后面加客户公司的信息，如果不知道，可以填写客户名字，但出货报关的时候，必须写客户详细的公司名称。

（2）"PI NO."：这在有些公司中也被写成"Invoice No."，指合同发票。这里给大家一个建议，以我们公司为例，公司名称简称为GD，那么我们2023年的订单就以GD23开头，业务员Niko手上的订单，简称为NK，她的第一笔订单序号为001，所以Niko在2023年的第一笔订单的PI NO.就是GD23NK001。这样，通过订单号，就可以看出订单的时间，以及是哪个业务员的第几笔订单，非常清晰。

（3）DATE：也就是日期，写下单时的日期即可。

（4）Delivery Time：表示产品交货日期。

（5）Payment Term：表示付款方式。

（6）Package：表示跟客户确定的包装方式。

（7）Label：表示标签，合同上不一定要把标签放上去，但是能早点确定客户的标签，并且记录上，给客户的印象会更好。

（8）Others：客户额外的其他要求。

（9）Bank information：银行信息。合同上必须要有公司的银行信息，方便客户收到后安排货款。

针对图中的信息，根据自己的实际情况填写需要的要素就可以了。

7.2 如何有效催订金

订单签订后,你也不要高兴得太早,只有订金到账才算真正的"尘埃落定"。所以,在客户确认 PI 后,务必催客户早点安排货款,你可以这样说:

Firstly, we'd like to express our gratitude for choosing our shock absorber. We are all set to commence the production process as per your requirements.

To ensure that we can adhere to the promised timeline for production and delivery, it is essential for us to receive the deposit prior to starting the production. May I inquire if you have arranged for the deposit payment? If not, we kindly request you to do so at the earliest, ensuring everything proceeds as planned.

Should you face any challenges during the payment process or have any queries, please feel free to reach out to me. We look forward to further collaboration and ensuring your satisfaction with our products and services.

Thank you for your understanding and support. We await your response.

译文:首先,非常感谢你选择我们的减震器产品。我们已经根据你的要求做好了生产准备。

第 7 章 订单"尘埃落定"

为确保我们能够按照约定的时间表进行生产和交付,我们必须在生产开始前收到订金。请问你是否已经安排了订金的支付?如果还没安排,我们恳请你能尽快安排,以确保一切按计划进行。

如果你在支付过程中遇到任何问题或有任何疑问,请随时与我联系。我们期待进一步合作,并确保你对我们的产品和服务感到满意。

谢谢你的理解与支持,期待你的回复。

如果客户长时间保持沉默,没有回复,除了电子邮件,还可以尝试以下几种方法。

1. 直接电话沟通

有时候,直接打电话交流可能比电子邮件更有效。它可以为你提供即时的反馈,让你了解客户真正的想法和顾虑。例如:

Hello! Alex, this is Mia. I've sent you an E-mail regarding the deposit arrangement for the shock absorber order. I wanted to check in and see if there are any concerns or issues that we can assist with?

译文:你好!亚历克斯,我是米亚。我已经给你发送了一封关于减震器订单订金安排的邮件。我想确认一下,是否有任何疑虑或问题需要我们协助处理的?

2. 发送短信/微信/WA Business

如果你和客户之前已经在某个即时通信软件上沟通过,则可以考虑发送简短的消息。

Hi，Alex, we're hoping to get confirmation on the deposit for the shock absorber order. Do you have a moment to discuss?

译文：你好，亚历克斯，我们希望能够确认一下减震器订单的订金问题。请问你有时间交流一下吗？

3. 再次发送电子邮件

你还可以考虑发送另一封邮件，使用不同的方式或从不同的角度提出问题，或者提供更多关于如何支付订金的详细信息。

Subject: Further on Deposit Arrangement for the Shock Absorber Order

Dear Alex,

Greetings!

We value our partnership greatly. As we approach the production phase for the shock absorbers, I wanted to touch base once more regarding the deposit. In order to avoid any potential delays in production, we genuinely hope that you to kick things off soon. If there's any concern or query, I'm here to help.

Thank you in advance for your attention to this matter.

译文：

主题：关于减震器产品订单的订金安排

尊敬的亚历克斯，

你好！

我们非常重视我们的合作伙伴关系。我们即将近入减震器的生产阶段，我想再次就订金问题与你联系。为了避免生产中可能出现的延迟，我们真诚地希望你尽快支付。如果有任何疑问或问题，我都会在这里提供帮助。

非常感谢你提前关注此事。

如果客户仍然没有回应，可能需要给他们一些时间。在某些情况下，他们可能在处理其他紧急事务或等待内部批准。同时，确保你的沟通始终保持专业和礼貌，避免表现出过多的急迫感。

7.3 生产过程中的沟通必不可少

在如今商业高速发展的环境中，赢得客户的信任已成为公司成功的关键。客户一旦支付订金，就代表他们对产品或服务的需求，以及他们对公司的信任。为了维护这种信任，公司需要采取积极的策略，确保生产过程中的透明化和有效沟通。

首先，从订金到手的那一刻开始，公司就应当视之为一份承诺。这份承诺不仅限于按时、按质完成订单，还涉及与客户之间的沟通与信任建设。作为一家公司，我们应当认识到，每笔订单都是一次与客户深度互动的机会，每一次沟通都是巩固信任的关键。

随着生产的启动，公司应当时刻关注生产进展。这不仅是为了确保生产的顺利进行，还是为了能及时与客户分享进展，使他们感受到自己的重要性和受尊重程度。客户会对那些主动、透明和有责任心的公司给予更加积极的评价。

将生产进度实时分享给客户，无疑会为公司带来更多与客户互动的机会。这种互动能够帮助公司更好地了解客户的需求，预测可能出现的问题，并提前采取措施，确保生产的顺利进行。

此外，当客户感知到公司对其负责的态度时，他们更容易建立起对公司的信任。这种信任不仅有助于稳固现有的业务合作关系，还能为公司带来更多的口碑传播，拓展新的客户群体。

总之，从订金到生产，每一个环节都蕴含着信任与责任。对于那些真正关心客户，并愿意与其深度互动的公司来说，这是一个宝贵的机会，也是成功的关键。只有真正做到时刻关注生产进度，主动与客户沟通才能够赢得客户的长久信任，为公司未来的发展打下坚实的基础。

为了让生产更加顺利，出货更加准时，我们都会做旬计划，一个月有上旬、中旬和下旬，也就是一个月要做三次旬计划，如图 7-2 所示。

制订计划后，业务员要及时跟进，确保自己的每一笔订单都能准时出货，一旦出现延迟发货的问题，就要及时做出调整，并及时反馈给客户。

第 7 章 订单"尘埃落定"

8月1-10日旬计划					
	订单号	产品	数量	总金额	交货期
发货计划	GD23NK001	GD001	1000	20000	8月8日
		GD002	1000	20000	
		GD003	1000	20000	
	GD23NK002	GD001	1000	20000	8月8日
		GD002	1000	20000	
		GD003	1000	20000	
回款计划	客户名称	欠款金额	回款日期	备注：	
	Alex	20000	8月10日		
	订单号	产品	数量	总金额	交货期
新订单	GD23NK003	GD001	1000	20000	8月8日
		GD002	1000	20000	
		GD003	1000	20000	

图 7-2

7.4 总结

开发客户，是一个既漫长又精细的过程。从初次接触，到建立联系，再到最终的合作，每一步都充满了无数的挑战与不确定性。在这个过程中，公司不仅要展示自己的实力和诚意，还要不断了解客户的需求，为其提供最佳的解决方案。每一次的成功合作，其背后都有无数次的沟通、调整和努力。这样的努力让客户对公司建立了信任，而这种信任是公司与客户之间最宝贵的纽带。

然而，毁掉一个客户对公司的信任往往只在一瞬间。一次生产过失、一次质量问题，或是一次不负责任的态度，都可能成为让这个纽带断裂的原因。对于客户来说，他们所投入的不仅仅是金钱，还有对企业的信任与期待。一旦这种信任被打破，无论之前的合作基础多么深厚，公司都可能面临毁于一旦的困境。因此，生产环节的重要性不容忽视。它不仅关乎公司的生存与发展，还关乎公司与客户之间的长久关系。只有始终坚守对品质的承诺，始终秉持对客户的尊重，才能建立起真正稳固的客户群体，为公司的未来创造无尽的可能性。

第 8 章

终于发货了

在关键的发货环节，外贸发货与国内发货的操作差异非常明显。外贸发货在法律层面上就涉及更多的细节，不仅要遵循国家的出口法规，还必须完成报关报检的程序，这就需要货代的介入和协助。

这一系列流程相较于国内发货显得更加复杂，但只要你熟悉其中的步骤和要点，实际操作起来也没有那么难。

在发货前，记得检查与客户签订的合同，清晰款项的支付条件至关重要。如果合同中规定尾款是在发货前付清，那么在开始后续流程之前，要确保与客户沟通收取尾款，为顺利发货打下坚实的基础。

8.1 如何有效催尾款

并非所有的客户都能及时并清晰地安排尾款，有时，一些客户需要温馨的提醒和沟通才能确保款项的顺利结算。由此，发催尾款的邮件也是外贸业务员必不可少的工作。

邮件一：

I hope this E-mail finds you well. We're delighted to inform you that your order for our brake pads has been successfully completed and is ready for shipment.

As per our agreement, it's now time for the final payment to be settled.

第 8 章 终于发货了

To ensure a timely and smooth dispatch of your order, we kindly request you to arrange the payment for the remaining balance upon receiving this E-mail. Your continued support and cooperation enable us to provide you with the best service possible.

If you have any queries or require further information, please feel free to get in touch.

We appreciate your understanding and collaboration and look forward to hearing from you soon.

译文：我希望你收到此邮件时一切都好。我们很高兴地通知你，你的刹车片订单已经成功完成，准备好发货了。

根据我们的合同，现在是支付尾款的时候了。

为了确保你的订单能够及时和顺利发货，我们诚恳地请求你在收到本邮件后安排支付剩余账款。你的持续支持和合作使我们能够为你提供最优质的服务。

如有任何疑问或需要进一步的信息，请随时与我们联系。

我们感谢你的理解和合作，期待尽快得到你的回复。

邮件二：

I hope this message finds you well.

I'm writing to remind you about the outstanding balance for our previous order. Your order is packed and ready to be shipped as soon as the final payment is cleared.

We understand that sometimes there might be oversights or other reasons for delays. However, for the seamless continuation of our business and to ensure that your order can be dispatched in a timely manner, it's crucial that the remaining amount is settled promptly.

If you've already arranged the payment, kindly let us know so we can verify it on our end. If not, we sincerely hope you can attend to this matter promptly upon receiving this E-mail. Please feel free to reach out if you have any questions or require further information.

We appreciate your understanding and cooperation and look forward to your response.

译文：我希望你看到这条消息时一切都好。

我写信是想提醒你关于之前订单的未付余额。你的订单货物已经打包好，只要最后的付款清算完成，随时可以发货。

我们理解有时可能会出现疏忽或其他原因导致延迟。然而，为了业务的顺利进行，并确保你的订单能够及时发货，迅速结清余额是至关重要的。

如果你已经安排了付款工作，请告知我们，以便我们这边进行最终核实。如果还未付款，我们真诚地希望你能在收到此邮件后尽快处理此事。如果你有任何问题或需要进一步信息，请随时联系我们。

我们感谢你的理解和合作，并期待你的回复。

8.2 发货需要注意哪些细节

发货时，首先，确认装箱单（Packing List，PL），并根据 PL 的内容选择相应尺寸的集装箱。然后，在与客户确认详细的收货信息后联系货代，其可以是客户指定的，也可以是自己长期合作的。最后，在确认发货时间及费用后，制作订舱委托书，如图 8-1 所示。

图 8-1

货代收到订舱委托书后会按照完货时间去订舱。海运公司放舱下来后货代会收到 SO（Shipping Order，装运通知书），并按照 SO 的内容去安排集装箱装货。如果是散货，则货代会提供进仓单，工厂自己发货过去即可。如果是整柜出货，则要注意截关和截单时间，过时则需改单费用。截关是指集装箱最晚返港时间。截单是指公司截止提交提单样本的最晚期限，包括毛重、件数、体积、集装箱箱号、封箱号等。

在集装箱装货时，务必要拍照留档，如空箱、装 1/3 箱和 1/2 箱、满箱都要拍照留档。这些不一定都会用到，但万一用到时，如果没有就比较麻烦了。拍摄方法和照片如图 8-2 所示

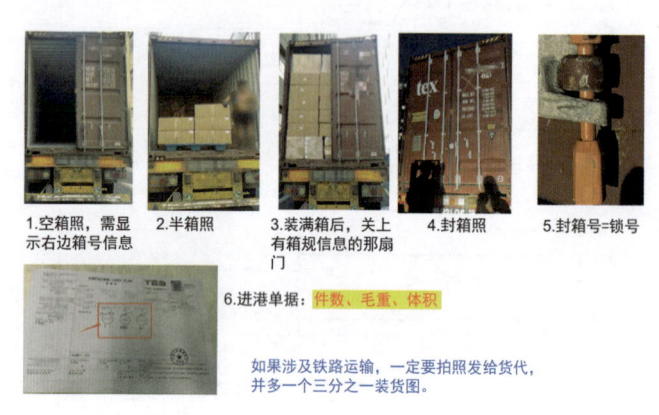

图 8-2

发货后，司机凭借图 8-2 中的进港单据进港，我们的所有数据都要以此为准。之后就可以准备报关资料让货代去报关了，一般我们会给货代提供 CI（见图 8-3）、PL（见图 8-4）、SC（Sales Contract，销售合同）（见图 8-5）、报关单（见图 8-6）。

第 8 章 终于发货了

RUI'AN ○○○○ IMPORT & EXPORT CO., LTD.
XIANGJIANGGONGGUAN, LUOYANG AVENUE, DONGSHAN STREET, RUIAN, ZHEJIANG, CHINA
TEL/FAX: 00861-_____ MAIL: ad_____ts.com

COMMERCIAL INVOICE

TO:
B/L NO.:
INVOICE NO.:
From NINGBO CHINA To ONNE NIGERIA   DATE:

S/N	DESCRIPTION OF GOODS			FOB NINGBO UNIT PRICE (USD)	AMOUNT (USD)
	ITEM NAME	ITEM NO.	QTY		
TOTAL				FOB NINGBO CHINA PORT USD	

TOTAL CARTONS:
TOTAL N.W.:
TOTAL G.W.:
TOTAL VOLUME:
SHIPPING MARK:

图 8-3

RUI'AN ○○○○ IMPORT & EXPORT CO., LTD.
XIANGJIANGGONGGUAN, LUOYANG AVENUE, DONGSHAN STREET, RUIAN, ZHEJIANG, CHINA
TEL/FAX: 00861-_____ MAIL: adm_____m

PACKING LIST

TO:
B/L NO.:
INVOICE NO.:
DATE:

S/N	ITEM NAME	ITEM NO.	TOTAL QTY (PCS)	QTY/CTN	CTNS	MEAS (CM)	N.W. (KGS)	G.W. (KGS)	TOTAL N.W. (KGS)	TOTAL G.W. (KGS)	TOTAL CBM (m3)
1											
2											
3											
4											
5											
	TOTAL										

TOTAL CARTONS:
TOTAL N.W.:
TOTAL G.W.:
TOTAL VOLUME
SHIPPING MARK:

图 8-4

190 外贸制胜：获客到成交全攻略

```
                    RUI__        IMPORT AND EXPORT CO., LTD.
              ADD: (EAST)...       NZHOU,ZHEJIANG PROVINCE,CHINA 325200
              Email:...

                              SALES CONTRACT

     TO:                                                PI NO.:
                                                        DATE:

   | S/N | ITEM | ITEM NO. | PIC | QTY-PCS | FOB NINGBO UNIT PRICE (USD) | AMOUNT (USD) | REMARKS |




     SUM TOTAL_____ US DOLLARS ONLY

     TERMS AND CONDITIONS
       1 Delivery Time: about 30 days after deposit
       2 Payment Term: 30% T/T as deposit, and 70% balance before shipment.
       3 Package:
       4 Label:
       5 Others:

     BUYER:                                             SELLER:
```

图 8-5

中华人民共和国海关出口货物报关单（最新版）

预录入编号：		海关编号：		出境关别		出口日期		申报日期	备案号
境内发货人									
9133038		瑞安市 进出口有限公司							
境外收货人			运输方式		运输工具名称及航次号		提运单号		
			海运						
生产销售单位			监管方式		征免性质		许可证号		
			一般贸易						
合同协议号			贸易国（地区）		运抵国（地区）		指运港		离境口岸
GD					墨西哥				宁波
运输包装种类	件数	包装种类及对毛重（千克）		净重（千克）	成交方式	运费（金额、币制）	保费（金额、币制）		杂费（金额、币制）
纸箱	90	2941.28		2851.28	FOB				
随附单证及编号									
标记唛码及备注									
填头：									
项号	商品编号	商品名称	数量	单位	单价	总价	币制	原产国（地区）最终目的国	境内货源地	征免
1	84099199.90	活塞	821	套		14799.6	美金	中国 墨西哥	瑞安	一般征税
规格型号（申报要素）		品牌类型：境外贴牌，出口享惠情况：不确定，用途：用于机动车发动机，适用于点燃式发动机，品牌：CTSPARTS,零件部编号： GPIS11003STD,GPIS11003-020,PB09STD,PB09-030,								
1	8708801000	减震器	100	套		5000	美金	中国 墨西哥	瑞安	一般征税
规格型号（申报要素）		品牌类型：境外贴牌，出口享惠情况：不确定，用途：用于机动车发动机，适用于点燃式发动机，品牌：CTSPARTS,零件部编号： GPIS11003STD,GPIS11003-020,PB09STD,PB09-030,								
特殊关系确认：否			价格影响确认：否		支付特许权使用费确认：否			自报自缴：		
申报人员		申报人员证件号码			兹申明以上内容据实申报、依法纳税之法律责任			海关批注及签章		
申报单位					申报单位（签章）					

黄色填充就是我们自己需要提供的数据和信息

图 8-6

海关顺利通关之后，集装箱就能上船了，这时要对 BL 样本进行最后的确认，开船后就能出正本提单了。

之后我们就可以针对客户的要求制作清关资料，如常见的 BL、CI、PL、CO 等。

开船两天后，海运公司会给我们出具 BL，有些合同的尾款是需要见 BL 付款的。我们收到 BL 后，需要立即给客户发 BL 的扫描件，这样就可以跟客户要尾款了。见提单付款有风险，大家自己要把控好。

CO，也就是原产地证明，我们在中国国际贸易单一窗口官网上申请即可，不同国家对其要求的形式也不一样，有 Form A、Form E 等形式，客户会向你提出具体的形式要求。

CI 和 PL 跟报关资料里的相同。

8.3 如何办理退税

在收到供应商的发票后，可以登录网站进行发票认证，以浙江省的为例，登录国家税务总局浙江省电子税务局的官网。

发票认证是指要对供应商给我们开具的发票进行退税勾选，即确认。

具体的流程如下：

打开国家税务总局浙江省电子税务局的官网，登录账号，如图 8-7 所示。

图 8-7

首先点击页面的"我要办税"，接着点击"出口退税勾选"，如图 8-8 所示。

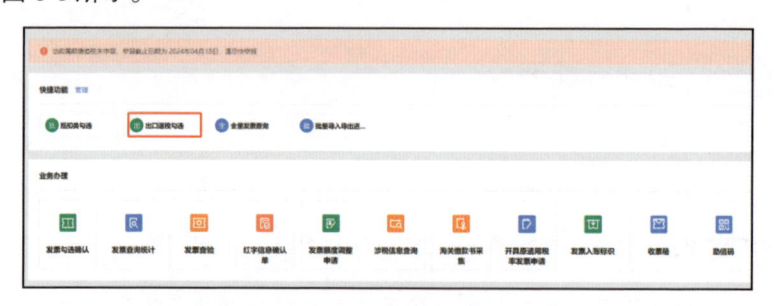

图 8-8

在"出口退税勾选"页面选择并导入相应的发票，并点击"提交勾选"按钮，如图 8-9 所示。

第 8 章 终于发货了 193

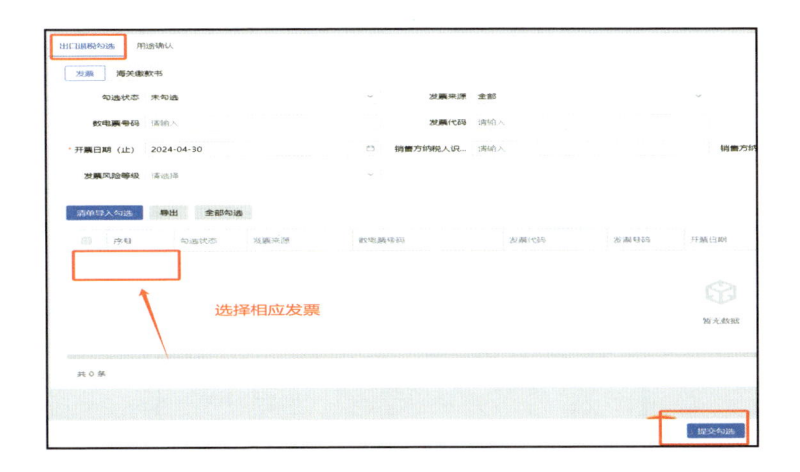

图 8-9

选择"用途确认"后,点击"用途确认"按钮即可,如图 8-10 所示。

图 8-10

然后登录中国电子口岸官网，点击"业务系统"下的"出口退税联网稽查"选项，如图8-11所示，此时会出现图8-12所示的页面，点击"出口报关单查询下载"下的"报关单查询下载"下载报关单。

图 8-11

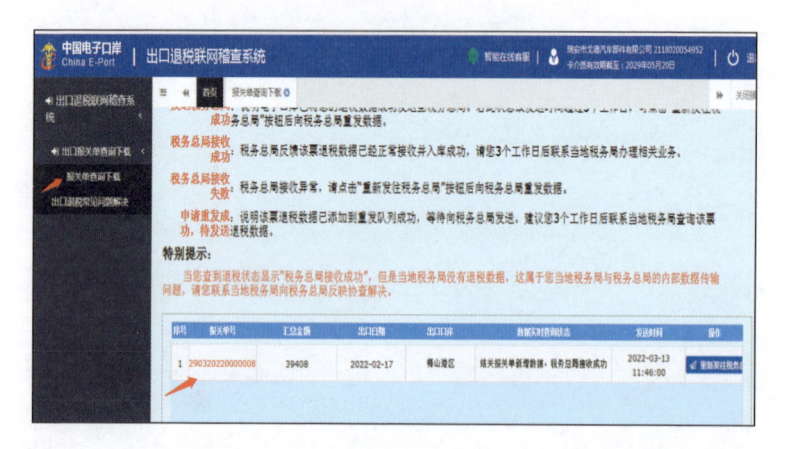

图 8-12

"报关单表体详情"页面如图8-13所示，点击"预览/打印"按钮打印出口货物报关单，如图8-14所示。

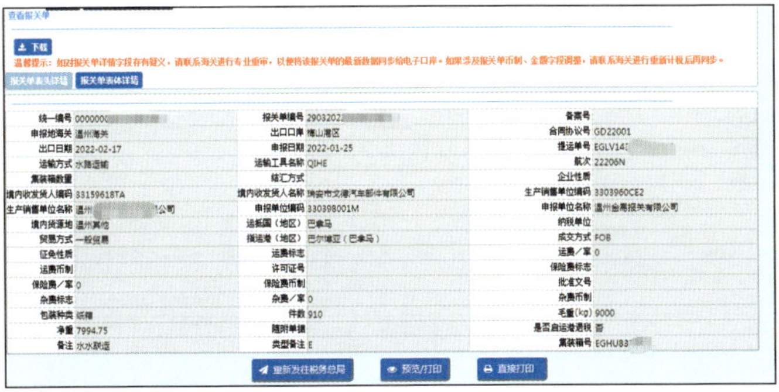

图 8-13

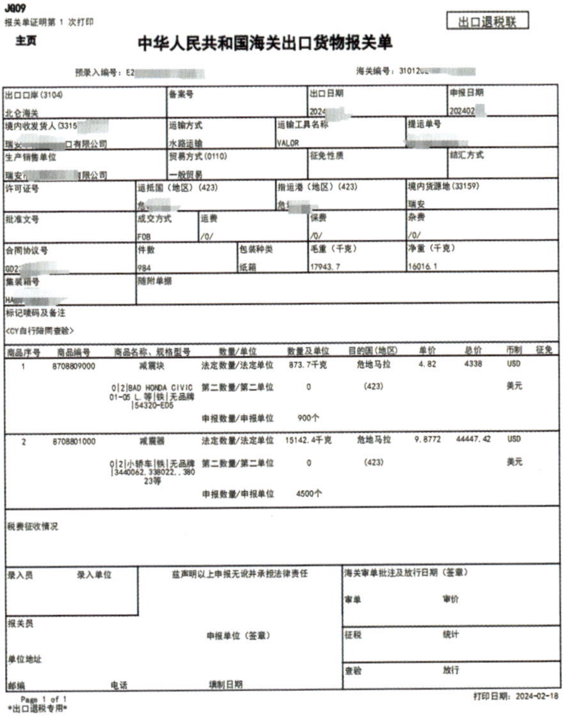

J609

报关单证明第 1 次打印

出口退税联

主页

中华人民共和国海关出口货物报关单

预录入编号：E2　　　　海关编号：31012

出口口岸(3104) 北仑海关		备案号		出口日期 2024		申报日期 202402
境内收发货人(3315 瑞安 口有限公司		运输方式 水路运输	运输工具名称 VALOR		提运单号	
生产销售单位 瑞安 限公司		贸易方式(0110) 一般贸易		征免性质		结汇方式
许可证号	运抵国（地区）(423) 危		指运港（地区）(423) 危		境内货源地(33159) 瑞安	
批准文号	成交方式 FOB	运费 /0/		保费 /0/	杂费 /0/	
合同协议号 GD2	件数 984	包装种类 纸箱		毛重（千克） 17943.7	净重（千克） 16016.1	
集装箱号 HA	随附单据					
标记唛码及备注 <CY自行随同查验>						

商品序号	商品编号	商品名称、规格型号	数量/单位	数量及单位	目的国(地区)	单价	总价	币制	征免
1	8708809000	减震块 0|2|BAD HONDA CIVIC 01-05 L. 等|铁|无品牌|54320-ED5	法定数量/法定单位 第二数量/第二单位 申报数量/申报单位	873.7千克 0 900个	危地马拉 (423)	4.82	4338	USD 美元	
2	8708801000	减震器 0|2|小轿车|铁|无品牌|3440062, 338022, , 380 23等	法定数量/法定单位 第二数量/第二单位 申报数量/申报单位	15142.4千克 0 4500个	危地马拉 (423)	9.8772	44447.42	USD 美元	

税费征收情况

录入员　　录入单位	兹声明以上申报无讹并承担法律责任	海关审单批注及放行日期（签章） 审单　　审价
报关员	申报单位（签章）	征税　　统计
单位地址		查验　　放行
邮编　　电话	填制日期	

Page 1 of 1
出口退税专用

打印日期：2024-02-18

图 8-14

开具增值税电子普通发票，如图 8-15 所示。

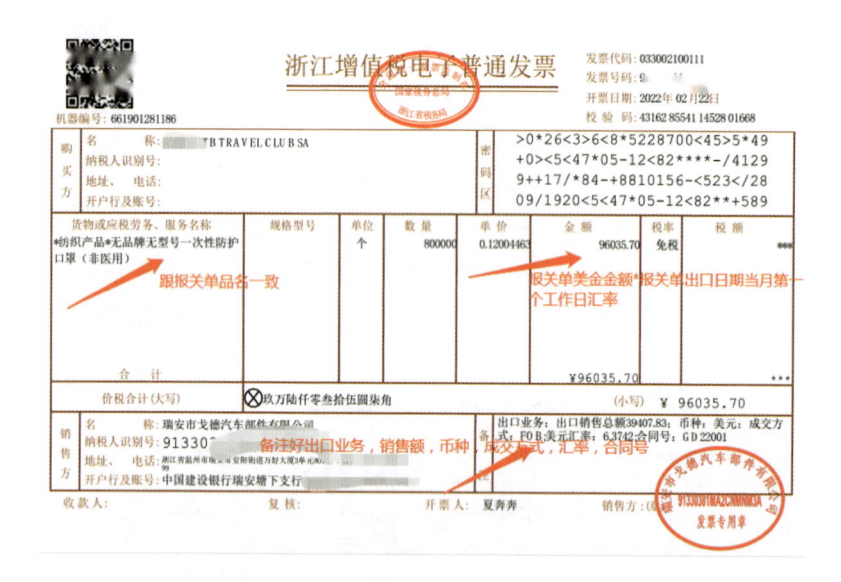

图 8-15

将以上出口货物报关单、供应商发票抵扣联、出口增值税电子普通发票、结汇水单或收汇通知书、SC（双方盖章）、PL、CI、放行通知书、报关预录单、提单复印件、CO 复印件、报关委托协议书、货代发票、其他如保险单，全部装订在一起，一票一袋，给税务局进行退税。

自行退税的办理流程如下：

登录国家税务总局浙江省电子税务局官网，选择"我要办税"下面的"出口退税管理"，如图 8-16 所示。

第 8 章　终于发货了　197

图 8-16

选择"出口退税管理"左侧菜单栏中的"退税申报",页面如图 8-17 所示,分别选择"外贸企业免退税申报"中的"在线办理"按钮和"生产企业免抵退申报"即可。

图 8-17

最后，根据"申报主页"的申报向导提交材料即可，如图 8-18 和图 8-19 所示。

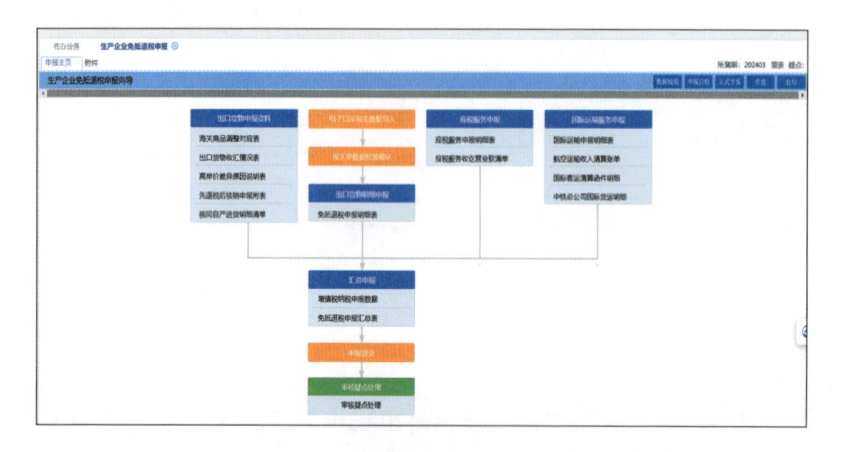

图 8-18

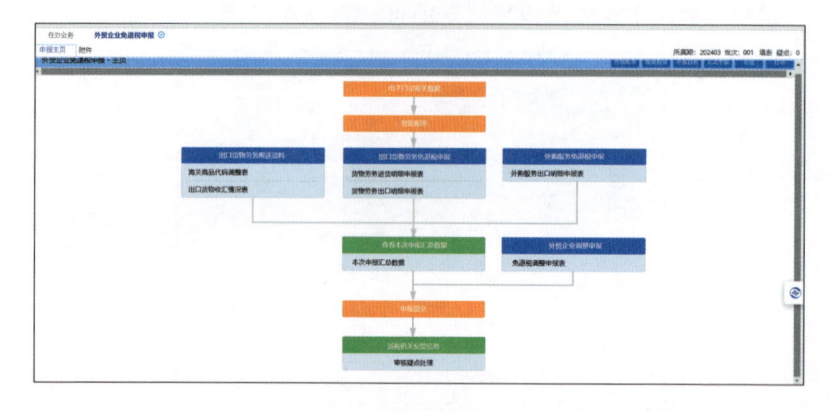

图 8-19

退税时间一般为一至两周，退的税款会自动打到公司人民币账户。

8.4 备案材料要备齐

8.4.1 纸质备案

纸质备案是指将以下文件进行纸质版保存。

（1）出口合同：与国外客户的合同，可以以 PI、PO 或 SC 的形式签订，都需要盖章。

（2）购货合同：公司与国内供应商签订的双方盖章的合同。

（3）提单：正本扫描件或者电报放件电子件。

（4）运输发票：指定的国内货物运输发票。

（5）国际货代服务发票：如果是 CIF 贸易条款，则需要海运费的发票。

（6）委托报关协议：在中国国际贸易单一窗口官网打印后让货代盖章或者直接让货代提供。

（7）代理报关服务费发票：委托报关公司报关的服务发票。

（8）出口货物报关单：出口货物报关退税联，在中国国际贸易单一窗口官网或电子口岸平台上下载。

（9）进货凭证：供应商开具的增值税电子普通发票，如果是工厂，则是原材料发票。

（10）出口发票：出口商开具的增值税电子普通发票。

8.4.2 电子备案

首先,打开"中天易税"财务服务云平台,点击"登录"按钮,如图 8-20 所示。

图 8-20

然后,选择"企业用户"下面的"税控设备登录"进行登录,如图 8-21 所示。

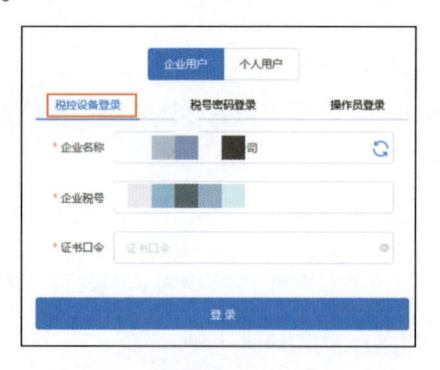

图 8-21

接着,选择"数字化单证备案管理"下的"数字化单证备案",如图 8-22 所示。

第 8 章 终于发货了 201

图 8-22

在打开的页面中,点击相应报关单号后面的"备案"按钮即可,如图 8-23 所示。

图 8-23

以下文档均以 PDF 格式上传,如图 8-24 所示。

文件全部上传完毕后,点击"签章"按钮,并输入"证书口令",点击"确定"按钮,如图 8-25 所示。

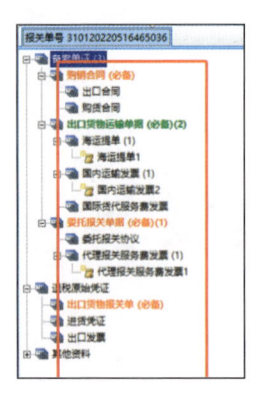

图 8-24

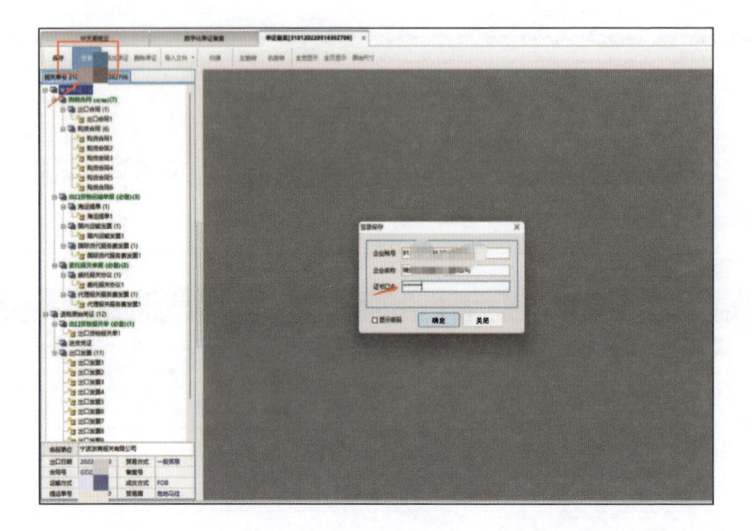

图 8-25

签章成功后,系统显示如图 8-26 所示。

签章后,全部单证左上角会显示带有"核对相符"印章的页面,如图 8-27 所示。

第 8 章 终于发货了 203

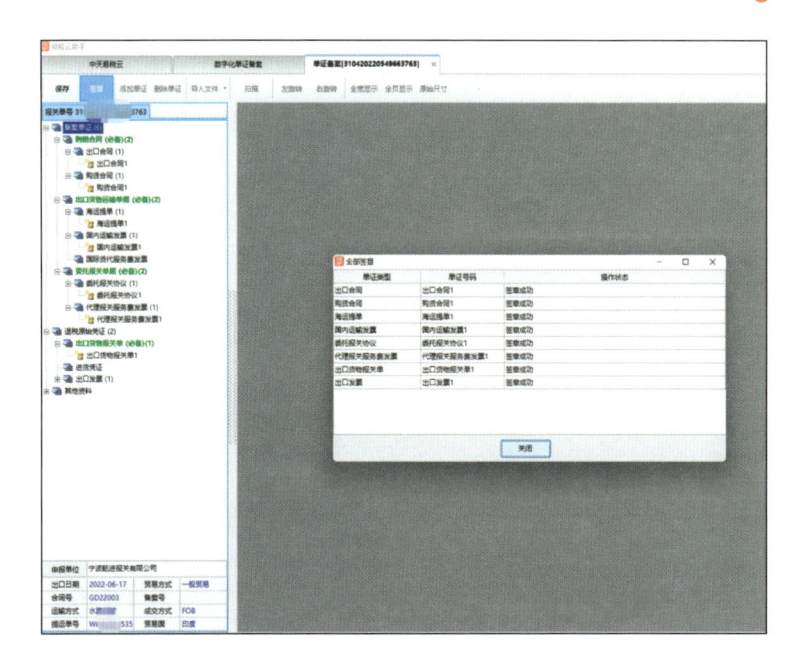

图 8-26

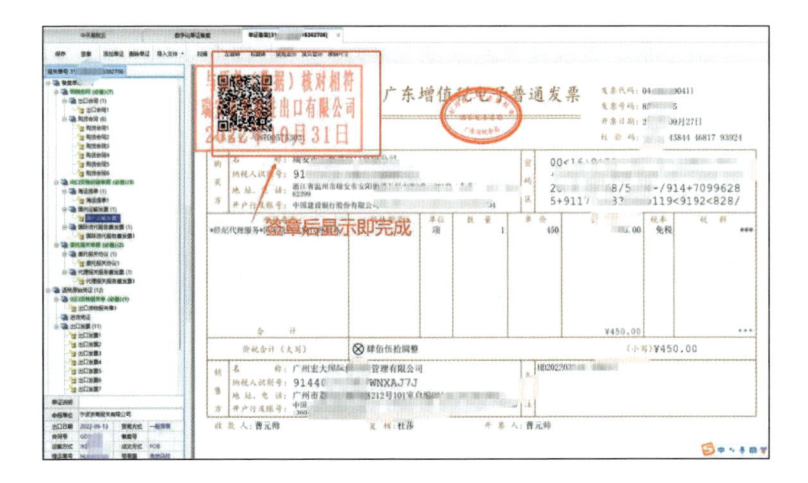

图 8-27

签章后点击"备案完成"即可，如图 8-28。

图 8-28

8.5 总结

在商业活动中，发货常被视为交易的尾声，标志着订单的圆满完成。但真正了解业务内涵的人都知道，发货其实不是终点，而是又一个全新的开始。

完成发货，意味着产品从商家手中转移到客户手中。这一刻，产品的实际体验、使用感受和效果才真正开始展现。商家的责任并没有因为物流的结束而消失，反而进入一个更为敏感和关键的阶段。

这个阶段是建立、维护和深化客户关系的时期。产品的质量、功能和使用后的支持服务将决定客户的满意度，从而影响到品牌的声誉和口碑。此时，售后服务和客户反馈变得尤为重要。通过积极的沟通和响应，商家不仅可以及时解决客户的问题，还可以收集宝贵的用户体验反馈，为产品的持续改进提供方向。

此外，每一次的成功发货和随后的客户满意度，都为商家带来了更多的推荐和再次购买的机会。这不仅增强了客户的忠诚度，还为企业带来了持续的增长动力。

因此，发货不仅是订单流程的一个环节，还是与客户建立长久关系的一个起点。对于那些真正追求卓越的公司来说，发货之后才是真正的挑战与机遇并存的时刻。

第 9 章

订单的结束，售后服务的开始

第 9 章　订单的结束，售后服务的开始

在今天竞争激烈的市场环境中，产品的质量和价格已不再是企业与消费者建立深厚关系的唯一要素。实际上，对于很多消费者来说，售后服务的品质往往决定了他们是否会再次选择同一个品牌。售后服务已经从一个简单的补充功能，变成了企业品牌价值体系中不可或缺的一部分。

售后服务的真正价值不仅在于解决产品中出现的问题或消除用户的困惑，还在于它所传递的明确信息：这家企业在真正关心客户。当消费者知道可以依赖一个稳定、有效和友善的支持体系时，他们对品牌的信任度和满意度会显著增加。

一个卓越的售后服务体系也为企业提供了重要的反馈途径。通过与消费者的持续互动，企业可以更准确地了解产品的优势和不足，从而进行持续改进和创新。这种互动不仅能促使产品得到完善，还能确保品牌始终与市场和消费者的需求保持一致。

更重要的是，售后服务已经超越了其传统定义，已成为企业与消费者情感沟通的桥梁。当消费者感受到被关心和被重视时，他们不仅会成为品牌的忠实拥趸，还会主动向他人推荐，成为品牌的自然传播者。

对于那些希望在市场上长期发展并想取得成功的企业来说，提供一流的售后服务不再是一项选择，而是一种必然。

9.1 延迟发货的沟通技巧要牢记

在商业活动中,问题和挑战总是不可避免的。延迟发货,无疑是让企业和客户都十分头痛的问题。然而,相比于延迟本身,更令人担忧的往往是企业那种"无所谓"的态度。

当企业出现延迟发货的情况时,客户的不满和焦虑是可以理解的。但此时如果业务员表现出冷淡和不关心,那么这种态度可能会比延迟发货本身造成的损失更大。因为,对于客户来说,他们购买的不仅是一件商品,还是一种信赖和期待。

业务员的态度往往是客户评价一家企业的直接标准。他们是企业与客户之间的桥梁,是品牌形象的传递者。当业务员对问题表现出冷淡和不关心时,客户很可能会认为这是整个企业的态度,从而对该品牌产生深深的疑虑和不信任。

反过来,即使面临延迟发货这样的不利情况,如果业务员能够主动沟通,真诚地为客户解答疑问,表现出真正关心和负责任的态度,那么客户很可能会给予理解和宽容。因为他们看到了企业的真诚和努力,感受到了尊重和重视。

当遇到延迟发货的情况时,邮件可以这样写:

I hope this message finds you well. I am writing to provide you with an update on the delivery status of your brake pad order.

Due to unforeseen challenges with our raw material supplies, I regret to inform you that we won't be able to dispatch your order by the

第9章 订单的结束,售后服务的开始

end of March as originally planned. We understand the significance of this delay and want to assure you that we are taking proactive measures to mitigate the situation. We are actively communicating with our suppliers to expedite the production process and ensure the materials arrive as soon as possible.

Once the raw materials are in our hands, our team is committed to working overtime to catch up on the production schedule. With the current progress, we anticipate being able to ship your order by mid-April.

We deeply apologize for any inconvenience this delay might cause and appreciate your understanding and patience during this time. We value your trust in our company and will do everything within our power to deliver your order as soon as possible.

Thank you for your continued partnership. Please let us know if you have any questions or need further information.

译文: 我希望你看到这条消息时一切都好。我写信是向你提供有关你的刹车片订单交付状态的最新信息。

由于我们的原材料供应出现了意外挑战,我很遗憾地通知你,我们无法按照最初计划的3月底发货。我们明白这种延迟的严重影响并要向你保证,我们正在采取积极措施来解决这个问题。我们正在与供应商积极沟通,加快生产进程,确保原材料尽快到货。

一旦原材料到位,我们的团队承诺将加班加点地工作,以赶上生产进度。根据目前的进展,我们预计4月中旬之前可以发货。

我们为这次延误可能给你带来的不便深表歉意,并感谢你在此

期间的理解和耐心。我们非常重视你对我们公司的信任，并将尽一切努力尽快交付你的订单。

感谢你一直以来的合作。如果你有任何问题或需要进一步信息，请告诉我们。

延迟发货的原因有很多，为了不给客户留下不好的印象，我们一般会把原因归到无关痛痒的地方，比如：

1. Due to unforeseen power outages mandated by the community, our delivery timeline has been unexpectedly affected.

译文：由于社区强制执行的意外停电，我们的交付时间表受到了意外影响。

2. Due to the unexpected disruptions caused by the typhoon, our delivery schedule has been unavoidably delayed.

译文：由于台风带来的意外干扰，我们的交付时间不得不延迟了。

9.2 如何处理发错货的问题

当出现发错货的情况时，如果直接补货，不仅损失产品，还会造成很大的物流损失。针对这种情况，我们一般会向客户申请在下批订单中进行补货，以此作为补偿，比如发双倍的产品。

针对这种情况，可以参考如下邮件：

We regret the oversight in your recent order, where X5 electronic fans were mistakenly replaced with X6 models. We genuinely understand the inconvenience this has caused.

To address this, we kindly propose incorporating the correct replacement of the X5 electronic fans in your next order. This would allow for a seamless and efficient delivery without incurring additional shipping burdens. As a gesture of our sincere apologies and to compensate for the inconvenience, we are prepared to offer a double supply of the required X5 electronic fans at no additional cost to you.

We deeply regret this error and are committed to ensuring that such mistakes are not repeated in the future. Your understanding and continued partnership are highly valued by us.

Thank you for your consideration. We look forward to hearing your thoughts on this proposal.

译文：在你近期的订单中，我们错误地将 X5 电子扇替换为 X6 模型，对此我们深感遗憾。我们真心地理解这给你带来的不便。

为了解决这一问题，我们建议在你下一次的订单中补发正确的 X5 电子扇。这样既可以确保交付的顺畅和高效，同时避免额外的运输费用。为了表示我们的歉意并弥补这次的失误，我们计划免费为你提供双倍数量的 X5 电子扇。

我们深感抱歉并承诺未来将避免再次发生此类错误。我们非常珍视你的理解和持续合作。

感谢你考虑我们的建议。我们期待你对此提议的回复。

9.3 如何积极应对产品质量的问题

很多企业可能都不能确保自己的产品不出现任何质量问题，当出现产品质量问题时，一定要积极应对，说不定这次沟通也能成为维护客户的机会。

当客户投诉质量问题时，我们务必要让客户提供相关证据，不能在没有任何证据的情况下就给客户赔偿，这样容易把客户养成一个"贪婪"的人。证据确凿，确实是我们的质量问题，那么就要积极应对处理。如果是小批量的产品质量问题，其实很好解决，通常在下一批货中补货就可以了；如果客户不满意，就多补一些，这样一般客户都会接受。

邮件可以这样写：

We were deeply concerned to learn about the quality issues you encountered with a portion of the brake pads you received from us. We genuinely apologize for any inconvenience and potential disruption this may have caused to your operations.

To rectify the situation, we propose the following solution: In your next shipment, we will replace the affected brake pads, and as a gesture of our commitment to you and to make amends, we will provide a double supply of the replacements at no additional cost.

Quality and customer satisfaction are paramount to us, and we sincerely regret that we did not meet those standards in this instance. Please be assured that we are taking steps to ensure such issues do not recur.

Thank you for your patience and understanding. We greatly appreciate our partnership and are eager to resolve this matter to your satisfaction.

译文：得知你收到我们的部分刹车片存在质量问题，我们深表关切。对可能给你带来的任何不便和潜在的干扰，我们表示诚挚的歉意。

为了解决这个问题，我们提出以下解决方案：在你的下一次货物中，我们将更换受质量问题影响的刹车片，同时，为表承诺和弥补给你造成的损失，我们将免费提供双倍数量的替换件，不收取额外费用。

质量和客户满意度对我们至关重要，我们非常遗憾此次没有达到这些标准。请放心，我们正在采取措施，确保此类问题不再发生。

感谢你的耐心和理解。我们非常重视我们的合作关系，并渴望解决这个问题，以达到你的满意。

如果是批量产品出了问题，那就比较严重了，我们不仅要赔偿，还要确保赔偿的产品及今后的产品都是让客户满意的。在必要的情况下，我们要出具 8D 报告。针对很多大客户和售后问题都需要工厂提供 8D 报告，8D 报告的具体信息如图 9-1 所示。

8D Report

8D 报告对象：	☑客户	□供应商	□公司内部		报告编号：	MC2016051201
品质严重性：	☑非常严重	□严重	□轻微		报告日期：	20xx-xx-xx
☑客户/□供应商 名称：	深圳市 xxx 科技有限公司			涉及报告或文件：	进料检验报告	

D1：成立小组 Form the Team	小组负责人：陈 xx/品质部/副总 小组成员：1. 李 xx/品质部/QE, 2. 赵 xx/品质部/DQE; 3. 陈 xx/工程部/工程师; 4. 蒋 xx/生产部/技术员				
D2：问题描述 Describe the Problem	问题描述 1. 2. 3. 4.			问题图片	
D3：临时措施 Develop Interim Containment Actions	序号 1 2 3 4	临时措施要点及描述	责任人 赵 xx 赵 xx 陈 xx	完成日期 20xx-xx-xx 20xx-xx-xx 20xx-xx-xx	结果确认 OK OK OK
D4：根本原因分析 Determine, and Verify Root Causes	序号 1 2 3	根本原因描述与分析	责任人 蒋 xx 李 xx	完成日期 20xx-xx-xx 20xx-xx-xx	结果确认 OK OK
D5：永久性纠正措施 Develop Permanent Corrective Actions	序号 1 2 3 4	永久性纠正措施描述	责任人 蒋 xx 李 xx	完成日期 20xx-xx-xx 20xx-xx-xx	结果确认 OK OK
D6：纠正措施验证 Implement and Validate Permanent Corrective	序号 1 2 3 4	纠正措施实际验证情况	责任人 赵 xx 赵 xx 陈 xx	完成日期 20xx-xx-xx 20xx-xx-xx 20xx-xx-xx	结果确认 OK OK OK
D7：预防措施 Prevent Recurrence	序号 1 2 3 4	预防措施具体描述	责任人 陈 xx 陈 xx	完成日期 20xx-xx-xx 20xx-xx-xx	结果确认 OK OK
D8：批量验证/团队激励 Recognize the Team	此项目原因分析准确，制定的永久性纠正措施验证可行有效。承认小组的集体努力，对小组工作进行总结并祝贺，同时给予必要的物质和精神奖励。				

图 9-1

当批量产品出现质量问题时，如果一次性全部补货，很可能客户再也不来下单了，为了能持续和客户保持联系，我们可以采用分批补货的方式。

第 9 章 订单的结束，售后服务的开始

邮件可以这样写：

We highly value the feedback you recently provided regarding the quality issues with our brake pads. Firstly, we deeply regret the inconvenience this has caused and sincerely apologize.

To ensure no disruption to your business and to rebuild our working relationship, we have decided to replace all the faulty brake pads. Considering the volume and logistics, we propose to send the replacements in batches with each new order until we complete the full replacement. We believe this approach will not only ensure you continually receive the products you need but also assist in your inventory management.

Kindly let us know if this arrangement works for you or if you have any other suggestions. We are always committed to providing the best service and ensuring a stable and enduring partnership.

Once again, we deeply apologize for the inconvenience this has caused and appreciate your understanding and response.

译文：我们高度重视你最近就我们刹车片质量问题提供的反馈。首先，对此造成的不便我们深表遗憾，并真诚道歉。

为了确保你的业务不受影响并重建我们的合作关系，我们决定更换所有有问题的刹车片。考虑到货物量与物流，我们提议在每次新的订单中分批补发更换品，直至全部更换完为止。我们相信这种方式不仅能确保你能持续获得所需产品，而且也便于你做库存管理。

请告诉我们这个安排对你是否合适，或者如果你有其他建议。

我们始终致力于提供最优质的服务，并确保稳定而持久的合作关系。

再次为此次给你带来的不便深表歉意，并感谢你的理解与回复。

9.4 总结

在经济全球化的今天，外贸业务已经成为许多企业的主要收入来源。然而，成功的外贸业务不仅在于完成一笔交易，还在于建立和维护长期、稳固的客户关系。在这方面，售后服务的角色不可或缺。

首先，优质的售后服务是巩固客户关系的关键。当客户在购买产品或服务遇到任何问题时，及时、有效的售后服务可以迅速消除客户的疑虑和不满，进而提高客户满意度和忠诚度。反之，糟糕的售后服务可能会导致客户流失，并给企业的声誉带来不可挽回的损失。

其次，在外贸环境下，文化和语言差异可能会导致沟通障碍。在这种情况下，专业的售后团队可以作为桥梁，帮助企业更好地理解和满足不同国家与地区客户的需求和期望。

此外，良好的售后服务还能为企业带来口碑传播。满意的客户往往会主动向其他潜在客户推荐企业的产品和服务，从而为企业带来更多的业务机会。

总之，外贸售后服务的重要性不容忽视。它不仅是解决问题的手段，还是建立和维护客户关系、提升企业声誉和扩大市场份额的有效工具。因此，任何希望在外贸市场中取得成功的企业，都应该投资建立高效、专业的售后服务团队。

第 10 章

展会这样做,拿下大客户不是梦

在所有的获客渠道中，展会是最重要的获客渠道之一，也是客户精准度最高的获客渠道。在当今的商业环境中，展会已经成为一种常见的推广手段。不过，随着展会的盛行，其内部的竞争也变得空前激烈。简单地租一个展位，摆上产品并等待客户上门的日子已经过去。今天，要想在展会中脱颖而出，充分的准备是关键。

展前准备，展中洽谈，展后复盘，每一个环节都至关重要，同时我们要做到线上线下相结合。参加展会不再是一个简单的过程，而是一个涉及策略、创意和团队协作的项目。为了在竞争激烈的展会中获得成功，充分的准备不再是一项选择，而是一种必需。

10.1 超实用的展前准备攻略

在全球商业化的大舞台上，展会常常被视为企业与客户沟通的黄金场所，但成功的展会不仅取决于展会当天团队的表现，还取决于其背后全方位的准备。以下是一些必要的步骤，其可以确保展会的每一个细节都能得到精心的筹划。

（1）要做好展会流程推进表，确保展会的万无一失。图 10-1 所示为一个展会流程推荐表的具体内容，供参考。

（2）借助 Facebook 等社交媒体平台宣布展会的消息是至关重要的，如图 10-2 所示。在数字化时代，这不仅可以扩大宣传覆盖面，还能针对特定的受众进行推广，确保将信息传递给了最感兴趣的人群。

第 10 章　展会这样做，拿下大客户不是梦

8月宁波汽配展会流程推进表 展会时间：8月16日—18日			负责人
出差人员确定 Mia, Peggy, Sandra, Denny, Hero, Elena, 贝特, 陈豪			Hero, Denny负责摊位， Sandra, Peggy, Elena负责扫摊位， Mia, 贝特, 陈豪负责直播
7月12日	展会内容确认	确定展会主题	Peggy
^	^	直播形式：采访式直播	Mia
^	^	营销活动方案：展会期间优惠及优惠持续时间确定	Peggy
^	展会预热—邀请函	邀请函发送新老客户，给每个业务员相关指标	Elena, Niko, Denny, Hero
7月16日	展会预热视频一	发各大社媒平台及朋友圈动态	Elena
^	展会直播物料准备	设备：摄像头、补光灯、麦克风等	贝特
^	^	海报、视频（英语、阿拉伯语、俄语）	Elena
7月20日	线下物料	服装统一，名牌统一	Peggy, Elena
^	^	海报（英语、阿拉伯语、俄语）	Sandra
^	^	客户信息收集表，本子、订书机、名片、二维码等	Niko
^	^	准备样品	Peggy, Mia
7月21日	展会预热视频二	发各大社媒平台及朋友圈和WhatsApp动态	Elena
7月27日	直播预热视频	发各大社媒平台及朋友圈和WhatsApp动态	Elena
8月11日	展会培训	新老业务员全体参加培训实操	Peggy
8月12日	展会预热视频三	发各大社媒平台及朋友圈和WhatsApp动态	Elena
8月13日	展会直播彩排	主播、展会直播脚本台词确定，并熟记	Sandra, Peggy准备直播脚本
8月14日	^	展会直播彩排，熟记整个展会流程	Mia
8月15日	倒计时视频	发各大社媒平台及朋友圈和WhatsApp动态	Elena
8月16日	展会第一天—直播	一个人负责直播，其他人负责现场接待	Mia, 贝特, 陈豪
8月17日	展会第二天—直播	一个人负责直播，其他人负责现场接待	Mia, 贝特, 陈豪
8月18日	展会第三天—直播	一个人负责直播，其他人负责现场接待	Mia, 贝特, 陈豪
展会结束	展后数据总结		Peggy

图 10-1

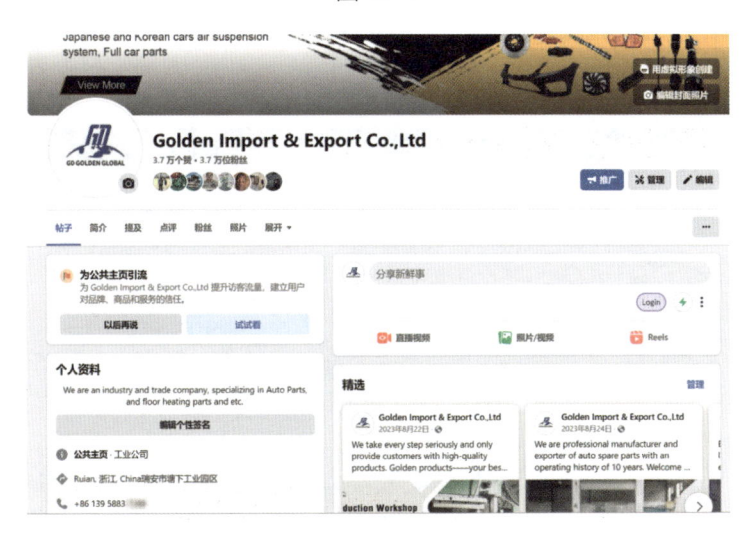

图 10-2

一张设计巧妙、引人注目的海报可以激发潜在客户的兴趣，如图 10-3 所示。

图 10-3

制作与发布宣传视频可以为客户提供更为直观的展品预览，使他们更有动力参加展会，如图 10-4 所示。

图 10-4

（3）当然，我们不能忽视与客户的直接沟通。提前发送邀请函并预约好会议时间，确保在展会当天有充足的时间与每一位重要的客户进行面对面交流。

邀请函的邮件如下：

Greetings! On behalf of [Your Company Name], I am delighted to invite you to the CAPA Auto Parts Exhibition, taking place in Ningbo from August 16th to 18th. This grand event gathers numerous leading suppliers and manufacturers in the automotive parts industry.

We are honored to be exhibiting at the show and would like to cordially invite you to visit us at our booth H6-427. Our primary products are top-quality adhesives and brackets, and we are looking forward to introducing them to you in detail and answering any queries you may have.

This exhibition offers a wonderful opportunity for face-to-face interaction, and we are eager to meet with you to discuss potential collaboration and future business opportunities.

Once again, we extend our invitation and hope to see you at the event.

译文：你好！我很荣幸代表[你公司的名称]邀请你参加即将于8月16日至18日在宁波举行的CAPA汽车配件展览会。这个盛大的活动聚集了众多汽车配件行业的领先供应商和制造商。

我们很荣幸在展会上展出并诚挚邀请你光临我们的展位

H6-427。我们的主要产品是优质的顶胶和支架，我们期待向你详细介绍它们并解答你可能的任何疑问。

这次展览提供了面对面交流的绝佳机会，我们热切期待与你会面，讨论潜在的合作机会和未来的商业机遇。

再次邀请你参加并期待在展会上与你见面！

并附带图 10-5 所示的海报：

图 10-5

（4）我们还要做好展会现场直播的预告，如图 10-6 所示。

除了发布海报和视频信息，我们还要做好直播等其他形式的预告，让更多人看到我们的展会信息，做到最大范围的推广。

一场成功的展会不是偶然产生的，一切都要进行筹备，从数字宣传到实地推广，每一步都需要精心策划，以确保在展会当天可以取得最佳的效果。

第 10 章　展会这样做，拿下大客户不是梦　223

图 10-6

除了线上的充分布局，我们也要做好线下物料的准备，样品、名片、目录及摊位的搭建，每一样都不能忽视。图 10-7 是一个展台立体图，供参考。

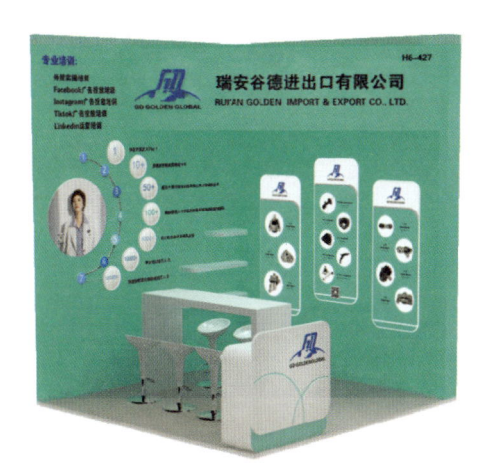

图 10-7

（5）物料准备。

样品：总类齐全，质量稳定，外观美观。

文件：目录和名片要充足，还要有最重要的客户信息收集表，如表 10-1 所示。

表 10-1

客户性质	1. 品牌商（名称：　　　　　　　） 2. 连锁店　3. 大型批发商 4. 小型批发商　5. 进口商 6. 电商　7. 其他	客户名片 客户等级评分 A　B　C　D
规模	＿＿＿家店铺　＿＿＿个仓库　＿＿＿个电商店铺	
需求产品品类	1.　　　　2.　　　　3. 4.　　　　5.	
销售范围（市场）	1.欧洲市场　2.北美市场　3.南美市场 4.中东市场　5.东南亚市场　6.非洲市场	
现有供应商	1.中国（厂名：　　　　）2.德国　3.韩国 4.日本　5.本土　6.＿＿＿＿＿＿	
现供应商存在的问题	1.质量问题　　　　2.发货速度问题 3.售后服务问题　　4.价格问题	
产品需求量	1.＿＿＿柜/年　2.＿＿＿吨/年　3.＿＿＿件/年 4.＿＿＿＿＿＿＿	
订单/数量	每年＿＿＿个订单，上一次的订单时间：＿＿＿＿＿＿	
是否有来中国的计划	1.今年（＿＿＿月份）2.明年　3.暂时没计划	
是否有来工厂的计划	是　否　（如果来工厂拜访，拜访时间：＿＿＿＿＿＿）	
展会上客户谈到的问题		

10.2 展中营销的关键"动作"要到位

在展会上要特别注意礼仪,展会人员穿着要得体,一般建议是西装,或者衬衫,或者统一的工作服,切忌身着便装。我参加过很多国外的展会,没有一个国际大品牌的展会人员是穿便装的,我们要做他们的生意,当然也得模仿。另外,展会人员在展会上低头看手机,这是被严厉禁止的行为。因为展会只有 3~5 天,费用低的需要几万元,高的达到几十万元,企业花大气力参加展会,每个人都要非常认真地对待每一分钟,每一个环节,即便展会上人不多,也不能低头看手机。

在展会上,首先要注意开场四部曲:拿到客户名片—邀请客户坐下—递上咖啡和茶—递上目录。

然后开始跟客户洽谈,洽谈过程中,当回答客户问题的时候,自己也可以主动出击进行提问,获得更多的客户信息,尽量填满预先准备好的表格,所谓知己知彼,才能百战不殆。

我们也可以在展会现场做现场直播,做到线上线下相结合。除了现场直播,我们同时还要做好社交媒体平台展会跟进的内容发布,如图 10-8 所示。

226 外贸制胜：获客到成交全攻略

图 10-8

展会上洽谈的对话案例：

Mia: Hi, this is my business card. May I have yours?

你好！这是我的名片，可以给我一张你的吗？

Alex: Sure. Here you are. 好的，给你。

Mia: Would you like to have a seat? 你想坐一下吗？

Alex: OK. 好的。

Mia: Coffee or tea? 要咖啡，还是茶？

Alex: Coffee, please. 咖啡，谢谢。

Mia: Here is our catalog, please take a look. We have different types of brake pads available, including those for Japanese cars, Korean cars, and more. What types of brake pads do you primarily deal with?

这是我们的目录，请看一下。我们有各种类型的刹车片可供选择，包括适用于日本车、韩国车等不同类型的刹车片。你主要经营哪种类型的刹车片呢？

Alex: Only Japanese cars. Do you have D510?

我们只要日本车的，你们有没有 D510 型号？

Mia: Yes, it's here. 有的，在这里。

Alex: How much does it cost? 价格是多少？

Mia: How many pieces do you need per order? 你们的每个订单要多少？

Alex: 500 pieces. 500 件。

Mia: The FOB price for this item is $5 per unit for a minimum order of 500 pieces.

该商品的 FOB 价格为每单位 5 美元，最低订购量为 500 件。

Alex: What's your warranty? 你们的保质期是多长时间？

Mia: 1 year. 一年。

Alex: How about the delivery time? 交货日期呢？

Mia: Usually, delivery is within 30 days after receiving the deposit. Do you sell all types of auto parts or just focus on brake systems?

通常，在收到订金后的 30 天内交货。你销售所有类型的汽车零部件，还是只专注于刹车系统的？

Alex: Only brake system. 只做刹车系统的。

Mia: Could you please tell me the name of your supplier?

请问你能告诉我你的供应商的名字吗？

Alex: ABC company.　ABC 公司。

Mia: Wow, that's great. This factory is our main competitor and it's impressive to know that our products are at the same quality level as theirs.

哇，太棒了。这个公司是我们的主要竞争对手，知道我们的产品质量与他们的产品质量处于同一水平，真是让人印象深刻。

Alex: If you are in same level, why I change to cooperate with you?

如果你们属于同一级别，我为什么要换供应商呢？

Mia: That's a valid point. It seems that they don't specialize in Japanese cars, whereas we do. We offer a full range of auto parts specifically designed for Japanese vehicles. You can verify this by checking our catalog.

这是一个很好的观点。看起来他们不专注于日本车，而我们专门提供全系列的日本车零部件。你可以通过查看我们的目录来验证。

Alex: Well done. 很好。

Mia: By the way, how long will you stay China?

顺便问一下，你会在中国停留多久？

Alex: I will stay for one more week after the exhibition.

展览结束后，我将再留一个星期。

Mia: Why not visit our factory? Then you can learn more about us.

为什么不直接来我们工厂看看？这样你能更深入地了解我们。

Alex: Good idea. Why not? 好主意，为什么不呢？

Mia: Great. Let's take a picture together in case you forget me. Do you have a Chinese phone number?

太好了，我们一起拍张合照，这样你就不会忘记我了。你有中国的手机号码吗？

Alex: Yes. My number is ××××××××××. 有的，我的号码是××××××××××。

Mia: OK，thank for your time. Let's keep in touch.

好的，谢谢你宝贵的时间，我们保持联系。

10.3 展后跟踪总结同样必不可少

展会结束后，要及时在所有的社交媒体平台发布展会总结，包括展会总体数据、自己获得了多少张客户名片，以及对所有社交媒体平台的流量、涨粉情况等数据的统计。另外,我们也要检查此次物料的准备是否被充分利用,是不是有缺少的,为下次展会做准备。

另外,要整理客户信息,将客户分为 A、B、C、D 等不同等级,开会分析展会收获及进行后续跟踪,如图 10-9 所示。

客户信息跟踪表								
序号	国家	名称	职位	公司名称	邮箱	网站	WhatsApp	type 产品	客户来源
1	Kazakhstan	Bauyrzhan Kusmanov Bakhtiyar Sharipov	purchaser	Nectaris	b.kusmanov @nectaris.	.nectaris.	7-701-5003095	manifold bars	法兰克福展

图 10-9

在将客户分类存档后,我们可以写邮件开发信,也可以直接通过 WhatsApp 或微信跟客户沟通。客户关系的建立不是一朝一夕可以完成的,需要耐心和恒心,也需要不断地使用一些营销方法。

充分利用好社交媒体平台,积极地跟踪客户,才能更快、更有效地得到客户的信任,获得客户订单。每个人的能力大同小异,但是每个人的心态和努力程度是不一样的,好心态加上努力,客户非你莫属。

10.4 总结

展会,其实就是一个迷你市场,一个充满机会与挑战的舞台,对企业而言它不仅是展示产品和服务的平台,还是与潜在客户和合作伙伴建立联系的黄金场所。然而,展会的成功并不是偶然的,它需要前、中、后三个阶段的精细策略和严格执行。

第 10 章　展会这样做，拿下大客户不是梦

我们要认真对待每一次展会，展会前的准备、展会中的洽谈，以及展会中的营销策略和展会后的复盘跟踪，要做到面面俱到。只有对每一次展会都进行充分的准备，才会让你收获满满，订单持续不断。但是也不要盲目参展，否则会导致成本过高，选择适合自己产品的、适合自己销售市场的展会才是王道。

第 11 章

不会地推的销售不是好销售

第 11 章　不会地推的销售不是好销售

在互联网技术飞速发展的今天，传统的营销手段似乎逐渐被一些先进的在线营销策略所取代，但地推作为一种传统的营销方法，仍然在市场上占有一席之地，甚至在某些情境下展现出超乎预期的效果。

地推，简单来说，就是企业直接派遣人员到特定的地点，与潜在客户进行面对面的交流，宣传其产品或服务。这种方法直接、亲切，能够即时捕捉客户的需求，消除客户的疑虑。

正是由于这种直接性，地推的效果往往非常显著。与线上广告可能被忽略或者被屏蔽的风险相比，地推提供了真实的、可触摸的体验，使客户能够更为直观地了解产品或服务。在与代表互动的过程中，客户的疑虑可以得到及时消除，推动他们做出购买决策。

此外，地推还为品牌提供了与客户建立情感连接的机会。与客户进行面对面的交流，不仅可以传达品牌的价值和理念，还有利于塑造品牌的形象，为品牌赢得忠诚度。

地推的成功取决于策略的明确性、对人员的培训，以及对目标市场的深入了解。尽管它是一种传统的方法，但不可否认，在合适的场景和策略下，地推仍然能够为企业带来意想不到的回报。

11.1 出国前的准备攻略要做好

出国前的准备不仅包括出国前的手续，还包括对目的地的了解、自己的健康和安全，以及对其他实际情况的考虑。以下是出国前的主要准备步骤：

（1）签证：根据不同目的地的要求，确保你已获得合适的签证。有些国家的签证申请可能需要较长的处理时间，因此提前申请是明智的。有些国家是落地签，有些国家是免签。

（2）护照：确保你的护照在整个旅行期间都是有效的，且至少有两张空白页，很多国家不接受有效期低于6个月的护照。

（3）旅行保险：考虑购买旅行保险，以确保在出行期间享有意外保障。

（4）必要的信息确认：如机票、住宿预订确认、交通工具预订等信息。

（5）疫苗：根据目的地的要求，确保接种所有推荐的疫苗。

（6）药物与医疗：携带必要的处方药，并确保这些药物在目的地国家是合法的。平时自己容易生的小病，都要准备好相应的药物。

（7）学习当地文化：了解你将访问的国家的基本礼仪和文化习惯，这可以帮助你减少误会。

（8）语言：学习一些基本的当地语言，如问候语和常用短语，这可能会很有帮助。哪怕几句蹩脚的当地语言，都可以拉近你与客户之间的距离。

（9）货币与支付：确定目的地的货币，并准备一些现金以应对突发情况。了解当地的支付方式，如是否普遍接受信用卡或移动支付。

（10）电源和适配器：了解目的地的电压和插座类型，确保你带有适当的适配器。必要的时候，准备好转换插头。

（11）行李：根据你的行程和天气预报来打包行李。

第 11 章　不会地推的销售不是好销售

（12）SIM 卡：考虑在到达目的地后购买当地的 SIM 卡或确保你的电话在国外可用，务必确认 SIM 卡是高速流量卡。

（13）交通：了解从机场到住宿的最佳方式，以及当地的公共交通系统。

（14）住宿：确认你的住宿预订，并了解入住和退房的流程。

这只是出国前需要准备的一个基础清单，具体的准备可能会根据目的地、旅行目的和个人需求有所不同。

除了以上的必备品，还需要带一些跟业务相关的文件，比如客户问卷表、公司目录、名片、样品等。如果顺便约见老客户，还需要带上老客户的销售记录表、售后投诉记录表、市场清单、新产品清单等。拜见老客户绝不是为了简单寒暄，而是深挖市场。

出国前需要做好一个详细的地推走访计划，如图 11-1 所示。

日期	出发时间	到达时间	出发	目的地	安排
6月20日	13:00	15:20	温州	成都	在成都旅游一天
6月21日	14:10	18:25	成都	迪拜	安排入住，逛德拉市场
6月22日				迪拜，沙迦	逛展会，拜访客户
6月23日					逛市场，拜访客户
6月24日					住沙漠豪华宾馆，休息
6月25日					去沙迦逛市场
6月26日	10:00	11:20	沙迦	巴格达	跟客户见面，洽谈合作
6月27日				伊拉克	逛市场，拜访新客户
6月28日					逛市场，拜访新客户
6月29日					逛市场，拜访新客户
6月30日					游玩
7月1日	10:50	14:00	巴格达	伊斯坦布尔	拜访老客户，洽谈新订单
7月2日				土耳其	逛市场，拜访新客户
7月3日					逛市场，拜访新客户
7月4日					去卡不多奇亚游玩
7月5日					回国或者去沙特

图 11-1

同时，我们要提前做好客户的预约拜访，要做一个详细的客户拜访计划表，如图 11-2 所示，而不是漫无目的地走一步算一步。提前做好充分的订单准备和与新客户的线上预约，这些都会让我们的地推工作事半功倍。

	客户拜访计划				
	国家	客户	地址	联系号码	拜访目的
6月21日	阿联酋	Semir	Jabel Ali free zone	xxxxxxxx	老客户挖深
6月22日	阿联酋	Rahim	Jabel Ali free zone	xxxxxxxx	新客户询价落地
6月25日	阿联酋	Fakhr	沙迦	xxxxxxxx	客户代理
6月26日	伊拉克	Sinan	Baghdad	xxxxxxxx	新客户订单落地
6月27日	伊拉克	Saad	Baghdad	xxxxxxxx	新客户订单落地
6月28日	伊拉克	ez	Baghdad	xxxxxxxx	新客户订单落地
7月2日	土耳其	Murat	Istanbul	xxxxxxxx	售后处理
7月6日	沙特	Taha	Jedddah	xxxxxxxx	认识了解新客户
7月7日	沙特	Ali	Jedddah	xxxxxxxx	认识了解新客户
7月8日	沙特	Aashiq	Jedddah	xxxxxxxx	认识了解新客户

图 11-2

另外，务必要想好此行要达到的目的和要实现的可行性目标，比如要完成几份客户信息收集表，Facebook 等社交媒体平台的粉丝要增加多少等，这些都是可量化的、可轻易达成的目标。如果已经有目标客户在谈，则可以做好订单下达的目标。有目标的地推才会有效果，不会白跑一趟。

11.2 客户预约不可少

出国前，我们要提前做好客户预约，可以采用邮件形式，也可以直接打电话。以下是几种模板,供大家参考。

11.2.1 邮件预约

模板一:

I hope this message finds you well. I'm [Your Name], representing [Your Company Name], a recognized leader in brake pad manufacturing. As part of our strategic expansion, we're keen on deepening our understanding of the Dubai market and identifying synergies with esteemed partners like yourself.

Would it be possible for us to meet and discuss potential areas of collaboration on August 23rd or 24th? We believe that by combining our technical expertise with your market insights, we can explore fruitful avenues of partnership.

Awaiting your positive response.

译文:我希望你看到这封邮件的时候一切都好。我是[你的名字],代表[你公司的名称],一家在刹车片制造领域公认的领军企业。作为我们战略发展的一部分,我们非常希望能深入了解迪拜市场,并与你这样的尊贵合作伙伴寻找合作机会。

我们是否可以在8月23日或24日见面,讨论潜在的合作领域?我们相信,通过将我们的专业技术知识与你的市场见解结合,我们可以探索富有成果的合作机会。

期待你的积极回复。

模板二：

We are pleased to inform you that from June 21st to 26th, our sales manager, CEO, and technical manager will fly to Dubai for customer visits and market research.

In 2023, our company will focus on Dubai as a key market, and this time we have a very important goal of finding long-term partners. We hope to cooperate with you.

译文：我们很高兴地通知你，从 6 月 21 日到 26 日，我们的销售经理、首席执行官和技术经理将前往迪拜进行客户拜访和市场调研。

2023 年我们公司会将迪拜作为重点开拓市场，这次有一个很重要的目的，就是寻找长久的合作伙伴。希望能与你们达成合作共识。

模板三：

We will offer the most competitive prices and various support measures (sales training, usage training, etc.) to the customers we interviewed this time, and we are confident you will be interested.

译文：我们会对这次面谈的客户给予最优惠的价格和各种支持措施（销售培训、使用培训等），我们相信你会感兴趣。

11.2.2　打电话预约

模板一：

Hello! how are you? I'm Mia from Rui'an Golden Auto Parts

Company in China. Our company will be visiting Baghdad at the end of this month. It would be our pleasure to visit your company.

译文：你好！最近好吗？我是来自中国瑞安谷德汽车配件公司的米亚。我们公司将于本月底访问巴格达。如果能够拜访贵公司，将是我们的荣幸。

模板二：

Hello! This is [Your Name] from [Your Company Name], a supplier of brake pads. I am planning to visit Dubai at the end of August and would like to arrange a meeting with you to better understand your needs and discuss potential collaboration opportunities. Would there be a convenient time for you? I look forward to hearing from you.

译文：你好！我是[你的名字]，来自[你公司的名字]，一家刹车片的供应商。我计划 8 月底前往迪拜出差，并希望能够在此期间与你面谈，深入了解你们的需求并探讨潜在的合作机会。你方便的时候可以安排吗？期待你的回复。

11.3 地推面谈技巧要牢记

在地推的时候，务必带上公司的产品目录和样品，条件允许的话，带上一些小礼品。

下面提供一些地推时可能用到的句子和技巧：

1. 建立关系和信任

We are delighted to have the opportunity to meet with you.

译文：我们很高兴有机会与你见面。

2. 了解客户需求

What challenges are you currently facing in this area?

译文：目前你在这个领域遇到了哪些挑战？

3. 描述产品特点

Our product has [feature] which can help you address [problem].

译文：我们的产品具有[特点]，可以帮助你解决[问题]。

4. 提供证据和案例

Our product has been hugely successful in [country/industry], for instance…

译文：我们的产品已经在国/行业内获得了很大的成功，例如……

5. 处理异议

I understand your concerns. However, based on…, our product actually…

译文：我理解你的担忧。然而，基于……我们的产品实际上……

6. 鼓励提问

Do you have any other questions?

译文：你还有其他的问题吗？

7. 总结并提供下一步建议

Considering your needs, I suggest we…

译文：考虑到你的需求，我建议我们……

8. 感谢

Thank you very much for your time and consideration.

译文：非常感谢你的时间和考虑。

11.4 总结

地推时不要害羞，否则很难吸引客户，另外，你的这种不自信甚至可能会影响公司的形象。想象一下，如果推广产品的人都对产品没有信心，那么客户又怎么会相信你呢？

自信大胆，这是地推与客户建立初步信任的关键。自信的眼神、坚定的步伐、清晰的表达，都能给客户留下深刻的印象。我们要大胆主动地与客户交流，尽力展示产品的独特之处，积极听取客户的需求和反馈，这样既能更好地展示产品，也能更好地了解市场。

准备充分，这意味着地推时不仅要熟悉产品，还要熟悉目标客户和市场环境。这种准备不仅是对产品知识的掌握，还是对市场的敏锐度和对客户心理的洞察。只有真正了解客户，才能更有针对性地进行推广。

客户更加信赖，地推所努力的目的不就是希望赢得客户的信赖，让产品得到更广泛的认知和接受吗？地推时，如果你充满自信且准备充分，那么所传达的不仅是产品信息，还是一种诚信和专业，而这正是赢得客户信赖的关键。

总之，对于地推而言，自信和胆量不仅是个人修为的体现，还是职业成功的关键。在这个竞争激烈的市场环境中，只有真正做到"自信大胆、准备充分"，地推工作才能在客户心中留下深刻的印象，赢得他们的信赖与支持。

第 12 章

营销做得好,电话少不了

电话营销在商业中有着重要的作用，因为通过它可以直接与潜在客户或现有客户进行语音沟通，并提供即时反馈。通过电话营销，我们能够直接与客户进行互动，提供解答问题、消除疑虑的机会，以及有效地传达信息。

通过电话营销，我们可以立即获取客户的反馈，了解客户的需求和意见，为优化销售策略和改进产品提供重要信息，还可以和客户建立更紧密的关系，提升客户对产品或服务的信任感。

相比于其他形式的营销方式，电话营销成本较低，且能够在短时间内接触到大量的潜在客户。

电话营销是一种重要的销售渠道，有些客户需要通过电话去促进他们回复或下单。

12.1 电话营销注意事项很重要

1. 克服心理障碍

有些人在打电话之前就已经担心对方会拒绝自己，在遭到拒绝后更是不知道该如何应对，只能挂断电话，甚至有些人盼着快点结束通话或电话无人接听，即总是站在接电话人的角度考虑，想象对方如何拒绝你。如果你这样想，就变成了两个人在拒绝你，你打出的电话也不会收到预期的效果。以下是克服心理障碍的几种方法，供参考。

（1）摆正心态。作为销售人员，被拒绝是再正常不过的事情了。

我们对自己的产品和服务要有百分之百的信心，对产品的市场前景应该非常乐观。别人不用或不需要我们的产品或服务时，也没关系，我们继续寻找新的潜在客户。同时，要总结产品的几项优点，用于电话沟通。

（2）善于总结。我们应该感谢每一个拒绝我们的客户，因为可以从他们那里吸取"为什么会被拒绝"的教训。每次通话之后，我们都应该将相关信息记录下来，如他们拒绝我们的方式，并考虑在下次遇到类似的事情时，应该如何解决。这样做的目的是，当我们再次面对类似的问题时，不会害怕，有足够的信心去解决。

（3）每天抽一点时间学习。学得越多，你会发现自己知道的越少。我们学习的目的不在于达到一个什么样的高度，而是给自己足够的信心。当然，我们应该有选择性地去学习，而不是不知道的都要学。打电话之前，可以把你想要给客户表达的关键词写在纸上，以免由于紧张而"语无伦次"，电话打多了自然就熟练了。

2. 找对时间

每次打电话前，务必先查一下客户所在国家当下的时间，一般建议早上 10:00—11:30，下午 4:00—5:30 期间给客户打电话。当然，不同客户可能有不同的生活习惯，可以根据具体情况做出调整。比如，我的一个埃及客户每天早上起床很晚，晚上很晚才睡，所以我每次给他打电话都是在埃及当地时间下午 3 点之后，宁愿在埃及时间凌晨 1 点给他打电话，也不会早上给他打电话。

3. 学几句当地的语言

不是所有的国外客户都会讲英语，比如俄罗斯会英语的客户就不多，所以学几句简单的当地语言也是非常有必要的。

比如：你会讲英语吗？

西班牙语：¿¿Hablas inglés?

俄罗斯语：Ты говоришь по-английски?

阿拉伯语：هل تتحدث اللغة الإنجليزية؟

语言务必简洁，不要太复杂，表达清晰即可。

4. 打电话之前务必做好充分的准备

打电话之前，一定要组织好语言，必要的话，可以把跟客户说的话写下来，如打电话的目的、推销的内容，以及想咨询客户的问题。

5. 打电话时的状态把握

好的状态可以吸引好运气，也可以感染对方，所以打电话时我们要兴奋，要尽量用扬声调，这样才能勾起客户说话的欲望，做到这些你就成功一半了。

6. 在 1 分钟之内把自己和意图介绍清楚

你可以说：你好，很高兴认识你，我叫 Mia，请你记住我。我是生产刹车片的，之后我会经常和你联系，期待有机会跟你合作。

7. 做好电话营销跟踪记录

打电话时一定要做好记录，而且要将客户分类。比如 A 类客户是非常有希望能合作的；B 类客户是有意愿沟通，但没有合作意向，需要持续跟踪给对方留下深刻印象的；C 类客户是完全拒绝沟通的，对于这类客户，一段时间后，可以换一个人继续跟进沟通。

12.2 如何进行电话营销

12.2.1 如何快速获取决策人的联系方式

很多时候，我们没办法直接得到陌生客户采购经理的电话，获得的大多是座机号码，稍微有点规模的公司，座机都由前台或者其他员工来负责接听，那么，如何能让对方快速提供采购经理或者老板的电话号码呢？下面是一些可供参考的话术。

1. We are not a new supplier. We are your regular supplier.

It's about a payment issue, and I need to talk to him urgently.

译文：我们不是新供应商，我们是你们的固定供应商。

这是关于账款支付的事情，我需要和他立即交谈。

2. This is a very important phone call. I need to talk to your purchase manager immediately.

译文：这是一个非常重要的电话，我需要立即与你的采购经理沟通。

3. I understand this is your company policy, but it's really urgent. If you can't help with the transfer, at least tell me his mobile number so that I can call him directly.

译文：我理解这是你们公司的政策，但真的很紧急。如果你不能帮助转接，至少告诉我他的手机号码，这样我就可以直接给他打电话了。

4. I have already sent an E-mail several times without his reply. That's why I'm calling to remind him regarding my E-mail. Please just help to transfer my call.

译文：我已经发了几次电子邮件但没有收到回复。这就是为什么我打电话提醒他查看我的电子邮件。请帮忙转接我的电话。

5. I have followed your instructions and sent the E-mail to info@xx.com. However, there is still no reply, that's why I'm calling again.

译文：我已经按照你的指示把电子邮件发到 info@xx.com 了，但是仍然没有收到回复。这就是我再次打电话的原因。

6. Hi, it's me again. I really don't want to bother you; however, I have followed your advice and sent E-mails a couple of times. There is still no reply from any of your purchasing department. Can you please provide me with his mobile number? I won't call him; I will just send

him a message via WhatsApp.

译文：嗨，又是我。我真的不想打扰你，但我已经按照你的建议发送了几次电子邮件。采购部门仍然没有回复。你能给我他的手机号码吗？我不会给他打电话，我想通过 WhatsApp 给他发信息。

7. If obtaining his personal mobile number is not possible, could you please provide me with his direct line or extension number so I don't have to bother you repeatedly.

译文：如果获取他的个人手机号不可行，你能否提供他的直拨电话号码或分机号码，这样我就不必频繁地打扰你了。

8. Is this the purchasing department? Oh, I'm sorry for the wrong call. We are your supplier from China, and I'm trying to reach your purchasing department. Do you know the extension number or direct line?

译文：这是采购部门吗？哦，对不起，我打错了电话。我们是你们来自中国的供应商，我想联系你们的采购部门。你知道分机号码或直拨电话号码吗？

9. May I know his mobile phone number? Could you please tell me slowly? I will write it down.

译文：我可以要一下他的手机号码吗？你可以慢慢地报给我吗？我会写下来。

10. Hi, is this Mr. Mohammad?

Good morning, sir. This is Mia calling from Rui'an Golden Auto

Parts Company. We are a supplier of brake pad products.

To be honest, I've been making considerable efforts to contact your purchasing manager, but the receptionist has been unwilling to assist me.

I've conducted research on your company, and I'm confident that we can provide significant benefits to you.

Therefore, I'm reaching out to you since I found your number on LinkedIn. We hope you can give me an opportunity to introduce what we can supply, or perhaps you could direct me to the appropriate person to speak with.

译文：你好，请问是穆罕默德先生吗？

早上好，先生。我是瑞安谷德汽车配件公司的米亚，我们是刹车产品的供应商。

坦率地说，我已经非常努力地想要联系你们的采购经理，但接待员不愿意帮我。

我对贵公司做了调研，我相信我们会给你带来很多好处。

因此，我联系你是因为我在 LinkedIn 上找到了你的电话号码。我们希望你能给我一个机会来介绍我们可以提供的产品，或者请你告诉我应该和哪位负责人联系。

12.2.2　电话沟通技巧和常见话术

在找到决策人后，我们就可以直接向其介绍公司的产品了，如

第 12 章 营销做得好，电话少不了

通过电话沟通、给其发产品资料邮件、预约拜访等形式。在话术模板中经常出现的，如请问能打扰你几分钟吗、请问你什么时候有空等，建议在电话开头不要提及。当你提出类似的问题时，如果客户回答：没空或不行，则你会面临难以接话题的尴尬情形。

下面是第一次接触客户的一些常见话术：

1. Hello! this is Mia from China. Am I speaking with Mr. Arthur? I am the sales manager of a brake pad factory in China. I noticed on Facebook that you have previously purchased brake pads from China. I would like to take this opportunity to introduce our factory to you and send you our catalog so that you can learn more about our products. Could you please provide me with your E-mail address?

译文：你好！我是来自中国的米亚，你是亚瑟先生吗？我是一家中国刹车片工厂的销售经理，我在 Facebook 上注意到你之前从中国采购过减震器。我想借此机会介绍一下我们的工厂，并发送我们的产品目录，便于你更多了解我们的产品。你能提供你的电子邮箱地址吗？

2. I'd like to inform you that our company is currently running a promotional campaign. This initiative can help you save money, thus enabling you to increase your profits. I can either send you the details to your E-mail address or you can provide me with your WhatsApp number, and I'll send you the information for your review.

译文：我想通知你，我们公司目前正在进行促销活动。这一举

措可以帮助你节省费用，提高利润。我可以将详细信息发送到你的电子邮箱，或者请你提供你的 WhatsApp 账号，我会将信息发送给你看看。

3. I have been following you on Facebook for quite some time, and I really enjoy your updates. I am interested in establishing a business relationship with you. Even if the business doesn't work out, I believe we could become good friends. I hope you can grant me the opportunity to communicate and discuss further with you. Do you have WeChat or a WhatsApp number?

译文：我已经在 Facebook 上关注了你很长时间了，我非常喜欢你发的动态。我对与你建立业务关系很感兴趣。即使不能达成业务合作，我相信我们也可以成为好朋友。我希望你能给我机会与你进一步沟通和讨论。你有微信或 WhatsApp 账号吗？

4. I hope we can bring you benefits. Can you tell me how we can seize the opportunity to cooperate with you?

译文：我希望我们能为你带来利益。你能告诉我，我们如何抓住机会与你合作吗？

5. Could you share your purchasing plan with me?

译文：你能与我分享一下你的采购计划吗？

6. I will be in Moscow from February 5th to 15th. Would it be possible for us to meet during that time? I would like to visit you.

译文：我将于 2 月 5 日至 15 日在莫斯科。我们能否在这段时间内见面？我想去拜访你。

7. Could you please take a look at our company's website? Also, let me introduce our products to you.

译文：你能看一下我们公司的网站吗？同时，让我向你介绍一下我们的产品。

8. I hope I can provide you with business opportunities. Could you send me a detailed inquiry or specific requirements so that I can prepare a quotation for you?

译文：我希望我能为你带来商机。你能否给我发送详细的询盘或具体的要求，以便我为你准备报价？

9. Could I have access to your purchasing plan?

译文：我能了解一下你的采购计划吗？

报价后的常见话术：

1. What do you think of our products/pricing?

译文：你觉得我们的产品/价格怎么样？

2. I sent you an offer last week and have been messaging you every day, but haven't received any replies. May I know why?

译文：我上周给你发了一份报价，并且每天都在给你发消息，但是没有收到任何回复。我能知道原因吗？

3. Can you accept /agree with our price?

译文：你能接受/同意我们的价格吗？

4. Did you review the quotation/price list I sent you last week? Is the lack of response due to the pricing?

译文：你是否查看过我上周发送给你的报价/价格清单？没有回复是不是因为价格问题呢？

12.3 电话营销的八个步骤及案例分析

电话接通后，第一次跟客户沟通说什么：

（1）自我介绍。

（2）我们供应什么，提供什么服务？

（3）我们的特色。

（4）提出诉求。

（5）引导客户提出需求：需要采购什么产品？是否从中国进口？付款方式？

（6）提供公司资料。

（7）引导客户发送询价。

（8）感谢通话机会。

第12章 营销做得好，电话少不了

案例1：

A: Good morning! This is Mia from Rui'an Golden Auto Parts Company, a supplier of brake pads. May I speak to Bruce?

译文：早上好，我是瑞安谷德汽车配件公司的米亚，我们是刹车片的供应商。我可以和布鲁斯通话吗？

B: Speaking. Are you saying you have brake pads available for sale?

译文：我就是，你是说你有刹车片可供销售吗？

A: Yes, we learned from Facebook that you are in the market for brake pads.

译文：是的，我们从 Facebook 了解到你在刹车片领域有业务。

B: Are you factory?

译文：你这边是工厂吗？

A: Yes, we have been producing brake pads for over 20 years. We have E-mark certification and customers worldwide. We have collaborated with many well-known brands.

译文：是的，我们生产刹车片已经20多年了，我们有E标认证，客户遍布全球。我们与很多全球知名企业合作过。

B: Sounds great! Brake pads are a type of safety component. The quality is very important.

译文：听起来很棒！刹车片是一种安全部件，质量很重要。

A: Exactly, we care about quality immensely. We offer different materials to meet the needs of various customers. Our R&D department consists of 20 people. Our products are not only of high quality but also environmentally friendly.

译文：确实如此，我们非常重视质量。我们提供不同的材料以满足各种客户的需求。我们的研发部门有 20 人。我们的产品质量不仅非常高，而且还环保。

B: What's your model range?

译文：你们的型号范围是什么？

A: Generally, we have brake pads for Japanese cars and Korean cars. There is a high demand in your market.

译文：通常，我们提供适用于日本车和韩国车的刹车片。这在你的市场上有很大的需求。

B: Could you please send me your catalog along with a range of pamphlets for our reference?

译文：请问你能否将产品目录和一系列宣传册发送给我们作为参考吗？

A: Sure. Thank you for your time. I will send you our catalog as soon as possible. Let's keep in touch.

译文：当然。非常感谢你的时间，我会尽快给你发目录，我们保持联系。

12.4 总结

电话营销不是一项简单的任务，它不仅是商业交易的开始，还是一场淬炼意志和体现人格魅力的"心理战争"。作为电话营销人员，我们首先需要战胜的是内心深处的恐惧与不确定性。正所谓"最大的敌人其实就是自己"，在这个过程中，拨打的每一个电话，不仅是销售产品的一次尝试，还是对自我的一次超越。

在电话营销中，用外语进行沟通，这在加大我们与客户沟通难度的同时，也为我们个人能力的提升提供了空间。在不同文化和使用不同语言的沟通中，我们能够学习更多的沟通技巧，提高使用语言的流利性和适应性。语言不仅是一种表达工具，还是连接人心的纽带。

在电话营销中，遭遇拒绝并不可怕，可怕的是没有从拒绝中吸取教训，改进策略。感恩每一个不愿接听的电话，每一个冷漠的拒绝，因为它们是我们成长的催化剂，能让我们不断反思和优化自己的电话营销策略。

让我们以积极乐观的态度，迎接每一次通话，视每一次通话为一场精神上的修行。在不断的练习中，我们会接触不同的人，面对不同的反应和情景，这些都会让我们变得越来越熟练。在电话营销的路上，我们不仅在销售产品，还在销售自己的信念、魅力和专业知识。在每次拨打电话的背后，都蕴藏着无限的可能性，等待着那些敢于挑战自己，愿意从失败中获得成长的勇敢者去探寻。

第13章

拿下客户还不够，还要把客户深挖做大

第13章 拿下客户还不够，还要把客户深挖做大

在今天快节奏、竞争激烈的商业环境中，获得新客户的成本远高于维持现有客户的成本。因此，深挖客户，即深化与客户的关系并提升其周期价值，已经成为企业可持续增长的核心。本章将探讨如何通过精细化的客户关系管理和创新的增值服务将一次性交易转化为长期合作，让客户成为企业成长的坚实基石。

深挖客户不仅是一场销售游戏，还是建立在充分了解和满足客户需求基础上的一项长期投资。通过深挖客户，企业能够结合客户的真实反馈和预期，设计出更具吸引力的产品和服务，将与客户的关系转化为更深层次的商业关系，进而提高产品的销量。当客户成为我们最强有力的宣传者和忠诚的支持者时，企业的生命力会更加顽强。

13.1 为客户做个性化的定制服务

要想给客户提供定制化服务，自己就要充分了解客户所在地市场的信息。首先罗列客户所在地市场的所有品类。

比如，我们做刹车片，客户是埃及的，那么我会罗列出适合埃及市场的所有刹车片的清单。再比较客户在我们公司已有的订单，就可以清晰地看出这个客户的增长空间。

除此之外，我们要记录每个客户之前在公司下单的周期、订单量，以及订单金额和各个品类的数量。每个季度，每年都要复盘分析客户，必要的时候，每个月都要分析。

下面是针对不同类型的客户进行的具体分析。

A 类客户：每年的订单总额为 50 万美元以上。专业+谈判+服务，一客一策，与客户达成年度战略合作，建立大客户服务体系+维护机制。

了解客户需求：与大客户深入沟通，了解他们的需求、喜好、习惯和特点。这可以通过面对面的会议、定期的电话或者邮件进行沟通。

定制化服务方案：根据大客户的需求，制定专门的服务方案，根据他们的特点推荐产品或定制服务内容。这些方案包括产品定制、定制化的售后服务、定期服务报告等。

提供专属服务团队：为大客户分配专门的服务团队，确保能够快速响应客户需求、协助解决问题、提供专业咨询等。

管理客户关系：建立专门的客户关系管理系统，记录大客户的信息、需求、历史交易记录、反馈意见等，确保能及时了解客户的情况。

提供增值服务：除了产品本身，也可以为大客户提供增值服务，例如售后培训、升级服务、定期技术交流等。

定期评估客户满意度：定期通过客户调研、问卷调查等形式，了解大客户的满意度和建议，及时改进服务。

建立信任关系：与大客户建立长期的合作关系，持续提供高品质的产品和服务，培养和巩固客户的信任度与忠诚度。

B 类客户：每年的订单总额为 10 万~50 万美元，客户需求深挖，提供营销方案，谈年度订单。

第13章　拿下客户还不够，还要把客户深挖做大

持续分析市场数据和客户反馈，及时调整营销策略，不断优化营销方案。协助客户做强、做大。

提供促销活动，制定促销方案，包括打折、赠品、优惠券等活动。可以考虑与特定的节日、假期结合，提升促销的效果。

协助客户扩大营销范围，选择合适的推广渠道，包括线上渠道（网站、社交媒体等）和线下渠道（实体店、展会等），确保产品信息能够覆盖到目标客户。

帮助客户提升品牌知名度，包括品牌宣传、品牌故事讲述等，帮助客户更好地了解品牌文化，提高品牌认可度。

客户关系维护，通过专业的客户服务团队，与客户保持密切联系，及时回应客户的问题和需求，促进客户的满意度。

C类客户：每年的订单总额为1万~10万美元，免费提供样品，这类客户的单产品需求量不大，但是需要的品种较多，建议将产品多样化。

小客户一般不太被供应商重视，我们要"反其道而行"，给予客户充分的尊重和重视，让客户在我们这里感受VIP待遇，让客户喜欢和我们合作。

小客户想要做大，靠传统的单店模式很难实现，所以我们需要对他们进行营销手段方面的培训，帮他们做好网络营销策略，让其有机会扩大销售份额，同时指导他们建立自己的品牌，并帮助他们慢慢扩大品牌的认可度。

13.2 客户拜访

13.2.1 出国前的准备要充分

任何一次出国都要做好详细的计划，不能说走就走，毫无目标。

首先，制订简单的出行计划表和客户拜访计划表，如图13-1和图13-2所示。

日期	出发时间	到达时间	出发	目的地	安排
6月20日	13:00	15:20	温州	成都	在成都旅游一天
6月21日	14:10	18:25	成都	迪拜	安排入住，逛德拉市场
6月22日				迪拜，沙迦	逛展会，拜访客户
6月23日					逛市场，拜访客户
6月24日					住沙漠豪华宾馆，休息
6月25日					去沙迦逛市场
6月26日	10:00	11:20	沙迦	巴格达	跟客户见面，洽谈合作
6月27日				伊拉克	逛市场，拜访新客户
6月28日					逛市场，拜访新客户
6月29日					逛市场，拜访新客户
6月30日					游玩
7月1日	10:50	14:00	巴格达	伊斯坦布尔	拜访老客户，洽谈新订单
7月2日				土耳其	逛市场，拜访新客户
7月3日					逛市场，拜访新客户
7月4日					去卡不多奇亚游玩
7月5日					回国或者去沙特

图 13-1

第13章 拿下客户还不够，还要把客户深挖做大

客户拜访计划

	国家	客户	地址	联系号码	拜访目的
6月21日	阿联酋	Semir	Jabel Ali free zone	xxxxxxxx	老客户挖深
6月22日	阿联酋	Rahim	Jabel Ali free zone	xxxxxxxx	新客户询价落地
6月25日	阿联酋	Fakhr	沙迦	xxxxxxxx	客户代理
6月26日	伊拉克	Sinan	Baghdad	xxxxxxxx	新客户订单落地
6月27日	伊拉克	Saad	Baghdad	xxxxxxxx	新客户订单落地
6月28日	伊拉克	ez	Baghdad	xxxxxxxx	新客户订单落地
7月2日	土耳其	Murat	Istanbul	xxxxxxxx	售后处理
7月6日	沙特	Taha	Jedddah	xxxxxxxx	新客户认识，了解
7月7日	沙特	Ali	Jedddah	xxxxxxxx	新客户认识，了解
7月8日	沙特	Aashiq	Jedddah	xxxxxxxx	新客户认识，了解

图13-2

其次，清晰出行的目标，如图13-3所示。

1. 再谈客户的订单落实
2. 完成客户问卷50份以上
3. 展示公司PPT50次以上
4. Facebook粉丝增加100个以上
5. WhatsApp客户添加100个以上

图13-3

虽然是拜访老客户，但是也不能错失开发新客户的机会，所以出国之前一般我们都会在各大社交媒体平台公布出行信息并且进行推广，让更多的客户看到，同时也要主动搜索新客户进行预约。

拜访新客户和拜访老客户所准备的资料是不一样的。

拜访新客户需要准备产品目录、市场清单、客户问卷表、公司PPT、样品、礼品等。

拜访老客户需要准备：

（1）和客户合作的销售报表，如图13-4所示。

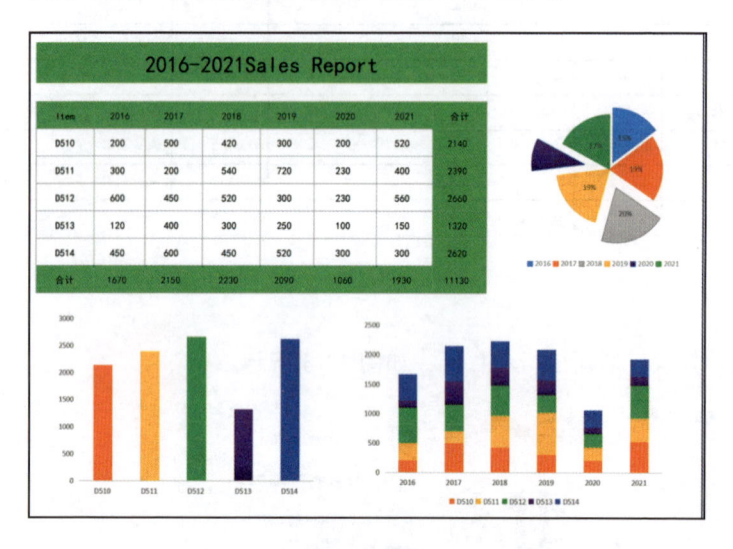

图 13-4

（2）和客户合作以来的投诉记录表，如图13-5所示。

图 13-5

(3）市场清单与客户采购对比表，如图 13-6 所示。

Item No.	OE No.	Description	GD No.	You've ordered
1	ALK09091	Toyota	GD001	✔
2	ALK09092	Toyota	GD002	✔
3	ALK09093	Toyota	GD003	✔
4	ALK09094	Toyota	GD004	✔
5	ALK09095	Toyota	GD005	✔
6	ALK09096	Toyota	GD006	✔
7	ALK09097	Toyota	GD007	✔
8	ALK09098	Toyota	GD008	✔
9	ALK09099	Toyota	GD009	✔
10	ALK09100	Toyota	GD010	✔
11	ALK09101	Toyota	GD011	
12	ALK09102	Toyota	GD012	
13	ALK09103	Toyota	GD013	
14	ALK09104	Toyota	GD014	
15	ALK09105	Toyota	GD015	
16	ALK09106	Toyota	GD016	
17	ALK09107	Toyota	GD017	
18	ALK09108	Toyota	GD018	
19	ALK09109	Toyota	GD019	

图 13-6

（4）新产品清单，可以带一两个新产品的样品。

（5）礼品。相比新客户，老客户的礼品要更重一些。比如，我的一个埃及客户，合作多年且合作关系很好，每一次去拜访他，我都会给他全家人准备礼品。

13.2.2　客户预约邮件

客户预约的几种邮件模板如下：

1. 通用型

模板一：

Dear Mike,

We are pleased to inform you that from June 21st to 26th, our sales manager, boss, and technical manager will be flying to Dubai for customer visits and market research.

In 2023, our company will be focusing on Dubai as a key market. This trip holds significant importance as we aim to establish long-term partnerships. We hope to collaborate with you.

Best regards.

Mia

译文：亲爱的迈克，

我们很高兴地通知你，6月21日到26日，我们的销售经理、老板和技术经理将飞往迪拜进行客户拜访和市场调研。

2023年，我们公司将把迪拜作为重点市场。这次旅行非常重要，我们的目标是寻找长期合作伙伴。希望能与你合作。

致以最真挚的祝福。

米亚

模板二：

You have been doing business in Dubai for many years and have a good understanding of auto parts. We are considering you as our partner in expanding our business into the Dubai market and are wondering if you could give us an opportunity to meet with you in person. If you are interested in our proposal, please let us know your specific address and contact information.

译文：你在迪拜经营多年，对汽车配件行业有着很好的了解。我们正在考虑将你作为我们在迪拜市场扩展业务的合作伙伴，想知道你是否能给我们一个与你面对面交流的机会。如果你对我们的提议感兴趣，请告知你的具体地址和联系方式。

模板三：

We have had a lot of communication before, and we believe you have some understanding of us. Similarly, we have gained a deep understanding of your company's strengths and influence. Therefore, we would like to prioritize considering you as a partner in exploring the Dubai market. Could you give us an opportunity to meet with you in person?

译文：我们之前有很多沟通，相信你对我们有一定的了解。同样，我们对贵公司的实力和影响力有深入的了解。因此，我们希望优先考虑将你作为在迪拜市场拓展业务的合作伙伴。你能给我们一个面对面交流的机会吗？

模板四：

How are you? I am from Rui'an Golden Auto Parts Company in China. Our company will be visiting Baghdad at the end of this month.

It would be our pleasure if we could visit your company.

译文： 你好吗？我来自中国的瑞安谷德汽车配件公司。我们公司将于本月底访问巴格达。如果我们能够拜访贵公司，将是我们的荣幸。

2. 老客户预约

一般预约老客户会相对随意一些，毕竟是合作多年的客户了，先简单寒暄一下，然后告诉他我要去你们国家，能不能去拜访你一下，什么时间方便就可以了。

模板一：

I'll be in Egypt at the end of the month and would love to meet up to discuss deepening our cooperation. When would be a convenient time for you to meet? We are looking forward to our discussion.

译文： 我将于月底抵达埃及，很想与你见面，讨论并加深我们的合作关系。你什么时候方便见面呢？期待我们的讨论。

当然，如果你觉得客户是非常大的企业，你跟他的关系没那么熟悉，还是需要写得正式一些。

模板二：

I hope this E-mail finds you well. I am reaching out to inform you that I will be traveling to Egypt in the near future. This trip presents an opportunity for us to meet again and discuss the future development of our collaboration in depth.

第13章 拿下客户还不够，还要把客户深挖做大

Our past cooperation has enabled us to build a strong and enduring partnership, resulting in many achievements together. With your support and trust, we have been able to consistently grow and succeed. Therefore, I am confident that we can further expand our cooperation into new areas and achieve even greater breakthroughs.

I sincerely invite you to join me in exploring the full potential of our partnership when I arrive in Egypt. I am looking forward to engaging in a meaningful discussion with you face-to-face.

I hope to receive your response soon and anticipate the opportunity to work with you once again.

译文：我希望你收到这封邮件时一切安好。我想告诉你，我不久后会前往埃及。这次旅行为我们再次见面提供了机会，并深入讨论我们合作的未来发展。

我们过去的合作使我们建立了坚固而持久的伙伴关系，共同取得了许多成就。在你的支持和信任下，我们得以不断成长并取得成功。因此，我相信我们可以进一步扩大合作范围，实现更大的突破。

我到埃及后，诚挚邀请你与我一同探索我们合作伙伴关系的全部潜力。我期待与你面对面进行深入的讨论。

希望尽快收到你的回复，并期待有再次与你合作的机会。

模板三：

We are planning to expand our business in Egypt next month.

We would like to inquire if it would be possible to visit your company. We will bring some samples for you to review and discuss our business further. If possible, could you please let us know which day would be more convenient for you: November 11th or 12th?

We are looking forward to your prompt reply.

译文：我们计划下个月去埃及扩展我们的业务。

我们想询问一下是否可以拜访贵公司。我们会带一些样品供你查看，并进一步讨论我们的业务。如果可以的话，请你告知哪一天更方便，是 11 月 11 日还是 12 日？

我们期待着你的及时答复。

在客户确定接受拜访后，我们还要跟客户确定具体时间。

Thank you for accommodating our request to visit your company.

Shall we meet at 10:00 am on May 11th? If this time is not convenient for you, please let us know a more suitable time.

Could you also please provide us with the address of your company and your cellphone number so that we can easily reach you?

Looking forward to your response.

译文：感谢你接受我们拜访贵公司的请求。

我们可以在 5 月 11 日上午 10 点见面吗？如果这个时间对你不方便，请告诉我们什么时间更合适。

另外，你能否提供贵公司的地址和你的手机号码，以便我们能够方便地联系你？

期待你的回复。

13.2.3　新老客户面谈话术有区别

我们先来看看与老客户面谈的话术。

1. 问候客户

Hey, Mike. It's great to see you again. Thank you very much for your longstanding support. We're thrilled to have such a positive business relationship with you.

译文：嗨，迈克。很高兴再次见到你。非常感谢你长久以来的支持。我们非常高兴与你建立如此积极的业务关系。

2. 回顾合作的业绩及售后情况

Here is the sales report for our business from 2015 to 2019. The quantity has remained at 2 million for five years.

译文：这是我们从 2015 年到 2019 年的业务销售报告。销售数量在过去五年里一直保持在 200 万。

3. 分析客户的投诉记录

This is a complaint form. There have been five claims reported from 2015 to 2019.

译文：这是一份投诉表格。从 2015 年到 2019 年有五起投诉记录。

4. 讨论如何扩大彼此的合作

We are here to discuss with you how to improve our business.

译文：我们本次来是想讨论如何提升我们的业务。

5. 结束

Thank you for taking the time to discuss our deepening cooperation.I look forward to our future collaboration. Wishing you all the best.

译文：感谢你抽出时间讨论我们深度合作的事情。我期待着我们未来的合作。祝你一切顺利。

一般我们会顺便拜访新客户，与新客户洽谈的话术你也需要了解一下。

1. 问候客户，自我介绍

I'm Mia, the sales manager at Golden Auto Parts. It's nice to meet you here.

译文：我是米亚，谷德汽车配件部门的销售经理。很高兴在这里见到你。

2. 面对面沟通没有下单的原因

It's been a while since we first discussed our product, but we haven't received any orders from you yet. We would appreciate it if you could let us know the reasons for this.

译文： 自我们第一次谈论我们的产品已经有一段时间了，但是我们还没有收到你的订单。如果你能告诉我们原因，我们将不胜感激。

3. 对方不是决策人

It took us a long time to come here to discuss our business. We hope to meet with your manager. Could you please help us by asking your manager to come and talk with us?

译文： 我们花了很长时间来到这里讨论我们的业务。我们希望能见到你们的经理。你能帮我们请你们的经理过来和我们谈谈吗？

4. 介绍自己的工厂及产品价值（PPT、样品）

13.2.4 客户后续跟踪要及时

与客户面谈后一定要及时跟踪，比如有一位老客户，合作多年，订单金额每年都保持在 200 万日元。我方提出提量，对方同意但是如果价格降 5 个百分点就可以将订单金额提高到 600 万日元。

We agree to provide you with a 5% discount, with a guaranteed annual order amount of ¥6,000,000. However, to ensure mutual benefits, we will refund the 5% after your annual order amount reaches ¥6,000,000.

译文： 我们同意为你提供 5% 的折扣，每年保证订单金额为 6,000,000 日元。然而，为了确保互利，我们会在你的年度订单金额达到 6,000,000 日元之后返还这 5%。

拜访新客户后，也需要及时跟踪。比如，在面谈的时候客户同意给我们试订单，回来后我们要及时通过邮件催单。

Dear Emily,

I hope this message finds you well. Thank you for your warm hospitality during our time in Egypt; we had a wonderful experience.

Regarding our discussion in your office, you mentioned that you would be placing a trial order soon. Have you had the chance to finalize the list?

Attached is the product list intended for the Egyptian market for your reference. We eagerly await your trial order.

Best regards.

Mia

译文：亲爱的艾米丽，

希望你一切都好！感谢你在埃及的热情款待。我们在那里度过了愉快的时光。

关地我们在你办公室所讨论的，你提到你将很快做出一个试用订单。你已经列好清单了吗？

附件是供你参考的埃及市场产品清单。我们期待着你的试订单。

致以最真挚的祝福。

米亚

13.3 如何提高产品的多样性

在当今多变的市场环境中，企业若想保持持续增长，不仅要关注单一产品的订单量，还要学会深挖客户潜力，通过深度了解客户需求，整合周边资源，提升产品多样性，进而实现工贸一体化，以拓展和丰富产品资源。以下是这方面的一系列策略，旨在帮助企业提升市场竞争力和客户忠诚度，增强对市场变化的适应能力。

1. 深度了解客户需求

深挖客户潜力的第一步是全面了解客户的业务和需求。这不仅应包括他们当前购买的产品，还应包括他们未来可能需要的产品和服务。通过定期与客户沟通，收集反馈，建立一个动态的需求数据库，这可以帮助企业预测市场趋势。

2. 整合周边资源

产品的单一化可能会导致客户对供应商的依赖度降低，因此企业需要通过整合周边资源，比如合作伙伴、子公司，甚至竞争对手的互补产品，来提供解决方案而非简单的产品。这种资源整合有助于构建更紧密的客户关系和提高市场占有率。

3. 提升产品多样性

针对客户群体的多元化需求，企业应不断创新，研发新产品，扩充产品线。产品的多样化可以降低市场风险，增加客户黏性。企业可以通过市场调研确定潜在的产品组合，以满足客户未来的需求，并通过这种方式提前锁定客户，使其更难转向竞争对手。

4. 实现工贸一体化

工贸一体化意味着将生产、销售、研发等环节紧密结合起来，形成一条无缝的供应链。这可以帮助企业更快速地响应市场变化，减少中间环节，降低成本，提高效率。加强供应链的每个环节可以更好地掌控产品质量和交货时间，这是打造竞争优势的关键。

5. 多向了解行情

企业要通过不同渠道了解行业动态和市场变化。参加行业会议、展会，加入行业协会，阅读行业报告、期刊和新闻，都可以帮助企业获取宝贵的第一手信息，预判行业趋势，并据此调整策略。深入了解市场也是寻找新产品、维持企业竞争力的基础。

6. 对外拓展与内部优化并重

在对外资源整合和提升产品多样性的同时，对企业内部的优化也是不可忽视的环节。对内部流程的优化、人力资源的培训、技术的升级，以及质量管理的严格执行，都是实现工贸一体化和提升整体业务能力的重要方面。

通过实施这些策略，企业可以在深挖客户潜力的同时，提升自身的综合竞争力，实现持续、稳定的发展。在提供产品和服务的过程中，企业要始终以客户为中心，既要关注他们的即时需求，也要预测和塑造他们的未来需求，以此来引领市场潮流，保持企业的市场领先地位。

13.4 总结

在商海浮沉的岁月里，每一位老客户都象征着企业积累的信任和与客户建立的深厚关系。有人说，新客户是企业发展的生力军，但不可否认，老客户是支撑企业稳定前行的根基。维护老客户不仅关乎企业业绩，还是一场注重细节、充满情感和智慧的长跑，需要放在首位的不是产品与服务，而是那份长期以来根植于彼此之间的诚信和关怀。

记住，客户不仅是交易的对端，还是企业最宝贵的伙伴和朋友。每一位客户都有自己的需求和期望，他们的每一个笑容都是对产品质量与服务的信任和感受。

将客户的利益放在第一位并不是一句空洞的口号。当我们不遗余力地去保障客户利益时，实际上就是在构建一座互信的桥梁。老客户的每一次支持，都代表着他们对我们服务质量的肯定和期待。我们应该如何回应这种信任，是通过优质的产品，还是通过贴心的服务？答案是全面的，但核心始终是利他的。

售后服务，在一些企业眼中可能是成交后的附加项目，然而在真正关心客户的企业中，优质的售后服务是一种信仰，是情感连接和合作延续的桥梁。当一次交易完成时，一个新的故事才刚刚拉开序幕。我们要立刻转换角色，从卖家变为守护者，确保客户体验的每个环节都充满温馨和安心。

更进一步，真正的伙伴关系不只仅停留在相互满意的交易上，我们的目标是帮助客户实现盈利增长，与他们共同成长。当客户的业务因为我们的产品或服务而壮大时，我们共享的不仅是一次业务上的成功，还是对彼此价值的肯定。这是一次心灵上的共鸣，也是一次对美好未来的共同憧憬。

在这一切的底色中，我们的敬业态度和坚守诚信成为客户信赖的重要来源。对每一个细节的处理和对每一个承诺的履行，都在沉甸甸的秤盘上增加着信任的分量。在这个过程中，我们要不断提升自我，这不仅是为了业务，还是对人与人之间那份深厚情感的尊重。

作为企业的销售人员，我们要发自内心地珍视每一位老客户，不仅因为他们为我们的业绩做出了贡献，还因为在这漫长的合作旅途中，他们已成为我们不可或缺的伙伴。我们在行业中耕耘的同时，也在每一位客户心中播下了信任与感激的种子。通过一路的同行，我们和客户共同书写着彼此成长和成功的篇章。